令和に生かす日本史

呉座勇一
Yuichi Goza

はじめに ――まだ「歴史読み物」で満足しているの？――

本書は、日本の歴史で活躍した人物や日本史上の有名な事件などから、令和の現代におけるビジネスのヒントや生き方の指針を得ようと志すものである。

こう言うと「またか」と思われる方も多いだろう。この種の自己啓発的な歴史読み物は書店でもうんざりするくらい目にする。ただ本書は、それらの書籍や雑誌記事と、3つの点で一線を画す。

第1に、**創作の排除**である。「戦国武将の名言に学ぶ」という類の文章の種本として頻繁に用いられる文献に『名将言行録（めいしょうげんこうろく）』がある。一例を挙げれば、若き日の豊臣秀吉（とよとみひでよし）が織田信長（おだのぶなが）の草履（ぞうり）を懐で温めたという有名な話も本書に収録されている（正確に言うと、『名将言行録』では草履ではなく下駄となっている）。

この書物は、幕末に尊皇攘夷の志士として活躍し、明治期には新政府に仕えた岡谷繁実が、戦国時代から江戸時代中期までの名将たちの言行を記したものである。繁実は本書の編纂にあたり膨大な史料を渉猟したが、実はそのほとんどは江戸時代に書かれた軍記物や逸話集である。秀吉が信長の草履を懐で温めたという話は江戸初期に成立した小瀬甫庵の『太閤記』（甫庵太閤記）などにすら見えず、秀吉の死から200年経ってから刊行されベストセラーとなった『絵本太閤記』による創作と考えられている。

このように繁実は、江戸時代の軍記物・逸話集などに見える逸話が実際にあった出来事なのか、それとも伝承や後世の創作なのか、といった検証を綿密に行っているわけではない。言い方は悪いが、面白そうな話を真偽問わず手当たり次第に集めた印象が強い。『名将言行録』に載っているからといって、信長が本当にそう言った、秀吉が本当にそれを行ったということにはならない。

そのため日本史学界では、『名将言行録』の史料的価値は疑問視されていて、本書に基づいて戦国時代の研究を行っている人はまずいない（文学作品としての価値を否定するものではない。念のため）。要するに、ビジネス本が紹介する「戦国武将の名言・名エピソード」の大多数は、真実かどうか疑わしいのだ。

漫画から人生哲学を学ぼうという書籍が出版される御時世なのだから、そんなに目くじらを立てなくてもいいじゃないか、という意見があるかもしれない。だが、『SLAM DUNK』や『ONE PIECE』がフィクションであることは誰もが知っている。よくできた物語と分かった上で、そこから人生訓を学んでいるのである。

歴史に学ぶビジネス本の問題は、往々にして書き手も読み手も、フィクションを史実と誤解している点にある。勇敢で高潔な〝虚構の英雄〟をロールモデルに選ぶことは有害でさえある。歴史小説を読んで歴史を勉強した気になるぐらいなら、「歴史なんか勉強して何の意味があるわけ？」と思っていた方がまだマシだ。そこで本書では、「秀吉の草履取り」のような後世の創作を排除し、歴史的事実から教訓を探っていく。

第2に、**意外な人物像**である。第1の点とも関わるが、歴史上の有名な人物に対する一般読者のイメージは、司馬遼太郎（しばりょうたろう）作品をはじめとする歴史小説や歴史ドラマなどの影響を強く受けている。それらのイメージは、現在の歴史学界の理解とかけ離れていることがままあり、彼らから真に意味のある人生訓を得ることを困難にしている。

詳しくは本書の本編をご覧いただきたいが、いくつか簡単に例示しておこう。織田信長というと、急進的・徹底的な改革者、革命児の印象が強い。このため、信長に学べといったビジネス書は、「強い信念と確固たるビジョンを持って、既得権者・抵抗勢力の反対を恐れず突破せよ」といったアドバイスになりがちである。だが現実の信長は、旧来の勢力と協調しながら改革を進める現実主義者であり、そのバランス感覚こそが信長の強みであった。通俗的な信長像に惑わされて、自説を強引に押し通そうとするのは逆効果になりかねず、歴史から教訓を学んでいるとはいえない。

また西郷隆盛（さいごうたかもり）は、度量の広い人格者という評価が広く浸透している。けれども、若き日の西郷は自分の才能に自信を持つあまり、むしろ敵をつくりやすいタイプの人間であった。その攻撃的な性格によっていったん挫折した西郷は、意識的に謙虚にふるまうようになり、人望を集めていった。我々が知る西郷像は、西郷が後天的に形成したものであり、その鷹揚（おうよう）とした態度からはある種の計算高さが見てとれる。西郷を目先の損得に囚われない、どこか浮世離れたした大人物とみなす先入観ゆえに、リタイア世代はともかく、現役のビジネスマンが西郷に学ぼうとすることは少ないが、実は現役世代こそが西郷の生き方を参考にすべきだと思う。

さらに本書では、織田信長や西郷隆盛、伊藤博文といった誰もが知る超有名人だけでなく、歴史マニア以外の読者にとってはマイナーな人物も取り上げた。戦国時代の連歌師である宗祇を知る方はあまり多くないと思うが、実は宗祇は日本史上、最初の芸能人、タレントである。宗祇のセルフプロデュースのやり方は、現代の私たちも知っておいて損はない。

第3に、**社会構造への注目**である。「歴史に学ぶ」系のビジネス書は、偉人名将といった人物に焦点を当てることに終始しがちである。そうしたミクロの視点は確かに重要だが、同時にマクロの視点も求められよう。「織田信長に学ぶ」といっても、信長が生きた時代は戦乱の時代であり、現代とは社会状況が大きく異なる。社会構造の違いを無視して、信長の生き方を表面的になぞるだけでは、真に歴史を学んだことにはならないだろう。

そこで本書の後半では、「憲法改正」「武士道」「知識のアップデート」という切り口で、日本社会がどのような特徴を持ち、また社会がどのように変化していったかを解説している。日本がどのような社会であり、日本人がどのような国民性であるかを踏まえることで、織田信長や西郷隆盛ら偉人名将の言動、事績の本当の意味が浮かび上がってくるだろう。

以上見たように、本書は、従来のビジネスマン向け歴史読み物との差別化を強く意識している。筆者としてはビジネスマンを主要読者に想定して、読みやすいよう工夫したつもりだが、それでも難しいと思う人はいるかもしれない。創作を排除しているので、小説やドラマに出てくる面白おかしい話が出てこずに、堅苦しく感じる方がいるかもしれない。社会構造の説明などは「お勉強」に思えて、拒否感を持つ方もいるかもしれない。しかし「食わず嫌い」をせず、真に「歴史に学ぶ」ためのハードルと考えて、意識を切り替えて読み進めていただければ幸いである。

令和に生かす日本史

目次

潔く引退し、後継者を立てることで組織の安定を計る
混乱期のエンタメトレンドに敏感だった日本初タレント・宗祇
地方でのエンタメ需要急増を予見し、ブルーオーシャンを開拓
スポンサー回りをしつつ自身のブランド化に成功
京都のセレブに〝貧乏ごっこ〟というレジャーを提供し、評判が急上昇
連歌人気を永遠とするために、准勅撰連歌集を編纂した突破力

第5章 〝憲法改正嫌い〟の伝統を持つ日本政治……141

第6章

日本人のアイデンティティ 武士道に潜む弊害

第1章

織田信長に学ぶ
一流経済感覚の捉え方

父から卓越したマネー感覚を学んだ信長

織田信長は数々のエピソードから、商業を重視し経済感覚に優れた戦国大名として認知されている。特に有名なのは、将軍足利義昭から勧められた副将軍の地位を辞退し、代わりに堺・大津・草津という商業都市の直轄支配を認めてもらったという逸話(『足利季世記』)であろう。名誉よりも経済的実益を選ぶという姿勢は、彼の合理的な人間性を表すエピソードとして引用されてきた。

しかし信長の経済センスを、彼の天才性によって説明するのは、正しくない。彼の経済に対する見方は、父祖のそれを引き継いだ部分が大きいのだ。実際、織田信長研究を専門とする谷口克広氏は、農政に関心がなく商工業に力点を置いたのは、父信秀も同様であり、信長の経済政策は、信秀に影響されていたと推測している(『天下人の父・織田信秀』祥伝社)。

本章では、織田信長がどのような家庭環境のもとで、お金の重要性を学び、その後自身の政策に開花させていったのか、探っていきたい。

まず織田氏の系譜から遡ってみよう。そもそも織田氏は、越前の織田劔神社の神主の出身である。越前守護の斯波氏に仕え、斯波氏が尾張守護も兼ねるようになると、織田氏は本拠地を尾張に移して尾張守護代になった。

この尾張織田家の本家は、織田伊勢守家（岩倉織田氏）であったが、応仁の乱ごろから、分家の織田大和守家（清須織田氏）が台頭してくる。やがて岩倉城の伊勢守家が尾張上四郡、清須城の大和守家が下四郡を支配するようになる。この織田大和守家の家臣に、織田因幡守家・織田藤左衛門家・織田弾正忠家という3家がいて、「三奉行」と呼ばれた。信長の家は、三奉行のうちの弾正忠家である。織田信長は、本家である織田伊勢守家の分家のそのまた分家とでもいうべき家の生まれであった。

信長の祖父、信貞は、勝幡（現在の愛知県愛西市勝幡町）に居城を築き、勝幡城から南西4キロメートルの津島（現在の愛知県津島市）を支配下に収めた。津島は今でこそ内陸の都市だが、当時は伊勢湾間近の港町であった。津島という商業都市を勢力下に置くことで、織田弾正忠家は経済力を蓄えていく。

そして信長の父、信秀は今川家から、那古屋城（現在の名古屋市中区）を奪った。

那古屋という土地は京都と関東を結ぶ東海道の要衝である。信秀はさらに那古屋城の南方に位置する熱田（現在の名古屋市熱田区）までも押さえる。

そして信秀は、熱田をより強力に掌握するため、那古屋城よりもさらに熱田に近い古渡城に居城を移した。台地に位置し、防御力に優れた那古屋城を離れ、平城の古渡城に入ったことからも、信秀が軍事より交通、経済を重視していたことがうかがえる。

信秀の当時の経済力を示す好個の事例として、朝廷への献金が挙げられる。天文12年（１５４３）に信秀は皇居修理費用として、朝廷に10万疋、すなわち１０００貫文を献金している（『御湯殿上日記』）。１貫文は現在の価値で６万〜７万円程度と考えられている（川戸貴史『戦国大名の経済学』講談社）ので、実に６０００万〜７０００万円もの巨額の献金である。同じ年に今川義元が献金した額は、信秀の半分の５万疋であるから、いかに信秀が富裕な大名であったかが分かる。

信貞、信秀の親子2代で、尾張の2大商業都市である津島・熱田を掌握し、尾張最大の勢力にのしあがっていったことが、幼少期の信長に多大な影響を与えたことは間違いない。

既得権者を刺激せずに進められた楽市楽座

現代でも経済問題で時折引き合いに出される信長の「楽市楽座（らくいちらくざ）」政策。規制を撤廃することで既得権益を否定し、経済を活性化させる。この規制緩和にも似た手法が、改革の天才・信長のイメージを作り出しているといえよう。しかし誤解されがちだが、楽市令は信長以前から多くの大名によって発令されており、信長の専売特許ではない。

楽市令は、取引をめぐる暴力事件などの禁止（治安維持の保障）、市場での売買に賦課（ふか）される営業税の免除、市場への入場料の免除などによって、商人の来場を促し市場の振興を図る法令である。実は信長の独創性は、従来から存在する楽市令に、「楽座」を組み合わせ、「楽市楽座」というキャッチフレーズを創出したことにある。

座とは、中世における同業者組合のことで、照明に用いる油を販売する油座、酒造のための麹（こうじ）を製造販売する麹座、そのほかに魚座、材木座などさまざまな座が各地に存在した。こうした座は商工業者の自治組織であると同時に、彼らだけで商品の流通を独占するカルテルでもあった。座に参加していない商人は商業活動から排除されたのである。

こうした座組織は、商業慣行が未成熟だった時代においては、座商人たちの権利を守り取引を円滑化させる意味を持っていた。けれども時代が下り商業取引が活発になっていくと、独占組織として新規参入を拒む座は、自由な経済活動を阻害する存在になっていった。ところが戦国大名は、時代遅れとなっていた座を解体しようとはしなかった。座から上納金を得ていたからである。

これに対し、信長は「楽座」を謳い、座の特権を否定した。座の構成員でなくても、自由に営業することができるのである。新興商人はもちろん、自分の生産物を売りたい農民にとっても「楽市」は魅力的な政策であった。

ただし、信長は座一般を廃止したわけではない。信長は、岐阜の加納市場や、安土の城下町など、特定の市場に限って「楽座」を実施した。岐阜城、安土城と自身の本拠地に商工業者を誘致しようとしたのである。特に安土の楽市令では、身分を問わず誰でも移住者を歓迎し保護することを強調している。これは、安土が既存の集落を大幅に拡張して造られたニュータウンであり、積極的に他国から人を呼び込む必要があったからである。

一方、信長は畿内（現在の京都府南部・奈良県全域・大阪府の大部分など）も支配していたが、大消費地である京都（きょうと）や奈良（なら）などにひしめく座組織の存続は認めている。たとえば座組織の中でも最大規模の座として、大山崎（おおやまざき）の油座があったが、引き続き活動を認可されている。

　こうした信長の姿勢は、世間に流布する革命児イメージに反するもので、彼が現実主義も持ち合わせていたことがよく分かる。そもそも座が独占権を持っていたのは、将軍・公家・寺社などに献金し、その権威を後ろ盾にしていたからである。信長が京都・奈良の座を廃止すれば、この地域の旧勢力をすべて敵に回すことになる。天下統一の途上にある信長にしてみれば、無用な摩擦は避けたかったに違いない。

　信長の長所は、既得権益を根こそぎ否定する突破力というより、むしろ性急な大改革を避け、旧勢力と協調するバランス感覚であり、それこそが成功の源であった。

交通・流通重視で儲かる街を生み出した関所撤廃

楽市楽座と同様に、信長によるイノベーションとしてよく取り上げられるのが、関所撤廃である。

そもそも戦国時代と江戸時代では関所の役割が異なるので、先にその点を説明しておこう。江戸時代の関所は治安維持のためのものだが、中世の関所は関銭（通行料）収入を目的とした「経済的関所」である。主要交通路や寺社門前、港湾などで、交通インフラの整備・維持費用の捻出を名目に、関所が設けられた。現代で例えるならば、高速道路の整備・維持のために、高速道路料金を取るようなものである。

しかしながら、中世の関所は中央政府によって設置されるわけではない。寺社・領主などその土地の有力者が独自の判断で設置するので、朝廷・室町幕府の権力が衰えた戦国時代には関所が各地に乱立し、通行の妨げや商品輸送の停滞を招いた。

織田信長は永禄11年（1568）9月末に足利義昭と共に上洛し、義昭は10月18日には征夷大将軍に就任した。信長はその直後に関所撤廃を宣言している。織田信長の一代記『信長公記(しんちょうこうき)』には当時の様子が綴(つづ)られており、現代の言葉に訳せば、次のようなことが書かれている。

信長様は天下のためを思われ、そして往来する旅人に対する憐みを思われ、支配されている国々に多数存在した関所・通行料を撤廃された。京都の住民も地方の住民も、身分の高い人も低い人も、みな一同にありがたいことと感謝し満足した。

以後も信長の関所撤廃命令は、信長の支配領域が広がると、その都度出された。天(てん)正(しょう)3年（1575）に越前支配を柴田勝家(しばたかついえ)に任せた際も、信長は「信長が支配している国では関所は廃止する方針なので、越前国内の関所も廃止せよ」と命じている。

信長の関所撤廃により、信長の支配領域においては、人々は関銭を払うことなく、通行・輸送を自由に行うことができるようになった。信長は関所撤廃によって、支配領域内の流通を促進させ、都市を発展させようとしたのだろう。

しかし信長の関所撤廃は、商人・輸送業者の利益になる半面、関銭を徴収していた領主にとっては打撃である。彼らの反発は大きかっただろう。

実際、他の戦国大名は、既得権を持つ勢力の抵抗を恐れて、関所を撤廃できなかった。行えても特定の商人に自由通行を許す手形を与える程度に留まっている。

ところが信長は抵抗勢力を恐れず、関所撤廃という大改革を断行した。特定の御用商人だけでなく、すべての人を対象に自由な通行を保障する信長の政策は画期的であり、信長の商業重視の賜物であった。

そして関所撤廃と密接に関わる政策が、道路整備である。天正2年（1574）閏11月25日、信長は尾張国中の道路整備を年に3回行うことを奉行たちに命じ、架橋・水路についても指示を与えている（「酒井家文書」）。『信長公記』によれば、尾張だけでなく、信長支配領域全体で、道路の拡張・整備工事を実施したようである。

当時の信長は、西に毛利、東に武田、南に本願寺と三方に敵を抱えており、大軍を迅速に動かすためには、道路の幅を拡張する整備が不可欠であった。拡張工事によって一度に通れる交通量が増えるため、関所撤廃と併せて、庶民生活にも大きな利益があったことは言うまでもない。しかも、信長の支配領域が広がれば広がるほど、その利益は大きくなるのだ。

活気が溢れる、儲かる街をつくるには、人の往来を増やすことが必須。その上で、交通・流通の利便性強化から着手した信長の着眼点はさすがである。

ただし信長でも、当時最大規模で、京都の出入り口7つに設けられていた関所・京の七口までは廃止できなかった。その廃止は秀吉の時代に持ち越されることになる。

秀吉と勝家の命運を分けたのは、信長流経済の理解度

さて、楽市楽座と関所撤廃の二枚看板によって経済を活性化させた信長だが、それを間近で見ていた重臣たちはその経済政策をどのように引き継いでいったのだろうか。

多くの征服戦争によって信長の支配地域が拡大するにつれ、信長がすべての地域を直接管轄することは不可能になった。そこで信長は、羽柴秀吉や明智光秀、柴田勝家

らの重臣に地域支配を委任した。秀吉らの職務は俗に「方面軍司令官」と呼ばれる。秀吉は中国方面軍司令官、光秀は近畿方面軍司令官、勝家は北陸方面軍司令官、ということになる。

彼ら重臣は征服地に信長の代官として乗り込み、軍事だけではなく行政も担当した。信長は重臣による支配開始当初は、「国掟」と呼ばれる大まかな施政方針を示したが、その後は重臣に統治を委ねた。重臣たちは信長の意向を忖度する必要があったものの、いちいち信長にお伺いを立てず、独自の意思と判断で支配を行うことができるようになった。

まずは、柴田勝家の経済政策を見てみよう。天正元年（１５７３）８月、織田信長は越前の朝倉義景を滅ぼし、その本拠地である一乗谷を焼き払った。

その後、同国内で一向一揆が蜂起したが、天正３年（１５７５）８月にはようやく鎮圧に成功し、柴田勝家を同国北ノ庄に置いて、越前支配を本格化させた。信長は壊滅状態の一乗谷の復興を選択せず、水陸交通の要衝として発展していた北ノ庄を越前支配の要としたのである。

信長は迅速な戦後復興のため、既存の特権商人を利用した。朝倉氏滅亡直後、北ノ庄で同地の名産である絹布の独占的販売権を持つ軽物座の既得権を認め、代わりに上納金を要求したのである。

天正３年に柴田勝家が越前支配に乗り出した後も、軽物座の保護は続いた。しかし翌天正４年になると、勝家は城下町の北ノ庄で「楽座」を実施する。これは、信長に倣って「楽座」を導入し、多くの商人を呼び込むことで、城下町を発展させようとしたものと考えられる。

けれども「楽座」によって、座のメンバー以外も自由に商売できるようになると、座商人たちの特権はなくなってしまう。軽物座と薬種を扱う唐人座は、あわてて勝家に特権保護の陳情を出した。これを受けて、勝家は軽物座と唐人座に関しては、「楽座」の対象外とし、引き続き上納金を受領することにしたのである。この点、勝家の楽座政策は不徹底であり、目先の金に目がくらんだように映る。

一方、羽柴秀吉はどうだったのだろうか。秀吉は天正７年（１５７９）に播磨国美嚢郡淡河（現在の兵庫県神戸市北区淡河）に対して楽市令を出し、座の特権を否定している。この時期、秀吉は播磨を攻略中で、各地の市場に対し、税金免除や治安維持を約束し、戦後復興を精力的に進めていた。淡河への楽市令もその一環と考えられる。

もともと淡河は、毛利方の三木城（現在の兵庫県三木市上の丸町）への兵糧輸送のための中継地点であった。秀吉は淡河を占領し、自軍の物資調達ルートを確立したうえで、三木城を兵糧攻めにした。このように秀吉は、戦争において地域経済を掌握することの重要性を、正確に認識していた武将であった。軍事と経済の両方で利益を得る政策を行ってきた信長の下にいたからこそ、その考えを確立できたのであろう。

周知のように秀吉は信長の死後、勝家を破り、天下人への道を歩む。当初は京都などの座を認めていた秀吉だが、天正13年（1585）に関白になると、全国的な楽市令を発令している。秀吉は信長の経済政策を継承・発展させたのである。

経済と軍事の両面を重視した信長流の集大成・安土都市開発

これまで述べてきたように、楽市令は信長が始める前から、既に各地の戦国大名が経済政策として採用していた。しかし、他の大名と比べ信長が大きな金銭的効果を得ることができたのは、都市開発と並行して行ったことにある。

信長の楽市楽座は、人々に商売の自由を無条件・無制限に与える画期的な規制改革というより、商人を誘致し特定の市場を繁栄させるための都市政策の一環であった。現在に例えるなら〝経済特区〟である。したがって安土楽市令を正確に評価するには、信長による安土築城・安土城下町建設という都市計画を理解する必要があろう。

信長の居城である岐阜城と、日本の政治・経済の中心である京都との間は、当時陸路で1泊2日かかった。この距離・時間のネックを解消するには、岐阜と京都の間にある近江(おうみ)を軍事制圧し、近江に政治拠点を確保する必要があった。

信長は堅田(かただ)など琵琶湖(びわこ)沿岸の海賊勢力を水軍として組織して近江での戦いに活用した。続いて六角(ろっかく)氏や浅井(あざい)氏といった近江国内の反信長勢力を駆逐しつつ、湖岸の要地に城を築いていった。

元亀2年（１５７１）、信長は明智光秀に命じ、琵琶湖南岸に坂本城を築かせた。坂本は比叡山の麓の門前町で、また京都への入り口ということもあり重要地点であった。ついで天正3年（１５７５）、羽柴秀吉に命じて琵琶湖北岸に長浜城を築かせた。

そして信長は天正4年（１５７６）から琵琶湖東岸の安土において築城を開始する。安土は水陸交通の要衝であり、その南には当時の主要街道である東山道（中山道）が通っていた。信長は単に京都に近いという理由で安土を選んだのではなく、安土の経済的価値を重視したのである。

なお、信長が安土城を築いた当時、安土山は伊庭内湖、弁天内湖、西ノ湖という3つの琵琶湖の内湖によって三方を囲まれていた。安土城は湖を利用して設計された水城の要塞だったのである。

天正7年（１５７９）、ついに安土城の天守が完成し、信長は安土城に移り住んだ。その一方で、天正6年（１５７８）には甥の津田信澄に命じて安土の対岸、琵琶湖西岸に大溝城を築かせた。

琵琶湖の東西南北に安土城・大溝城・坂本城・長浜城を築城したことによって、信長は琵琶湖の四方ににらみをきかせることが可能になった。城郭研究者の中井均氏は安土城を中心としたこれらの城郭群を「琵琶湖城郭ネットワーク」と名付けている。信長のねらいは、京都への物流の大動脈である琵琶湖水運を押さえることにあった。4城のネットワークによって、信長は近江経済を支えていた琵琶湖水運の全てを掌握したのだ。

さて信長は安土城築城と並行して、安土山の西麓に城下町を築いた。安土城下町は、近世城下町の出発点として歴史学界で高く評価されてきた。ただし、全くの更地から造られた町ではないことに注意する必要がある。

安土城下町が建設される以前から、同地には複数の集落が存在していた。これらの集落は水路を巡らし、堀で囲まれていたようだが、信長はこれらの集落の堀を埋め立て、新たに道や街区を設けて区画整理を行った。複数の中世的集落を新市街地に取り込み、全体を一つの城下町としてリニューアルしたのである。

また安土には常楽寺港（じょうらくじみなと）や豊浦港（とようらみなと）といった港も存在したが、信長はこれらの港も城下町に組み込んだ。既存の経済拠点を活用しつつ壮大な都市計画を構想・実行したところに信長の偉大さがある。

織田信長から学ぶ教訓

一、人を集めれば、金も集まる

二、キャッチフレーズを創出し、新しさをアピールせよ

三、既得権者を刺激する経済政策は慎重に進める

西郷隆盛に学ぶ **周りを魅了する人格の** 身につけ方

「理想の上司」島津斉彬に見出された西郷の幸運と努力

人格力に優れた日本のリーダーといえば、まず思い浮かぶのは明治維新の立役者・西郷隆盛であろう。彼の人柄に魅了されたのは、明治政府の中心であった薩摩藩、長州藩の志士たちはもちろんのこと、敵方であった徳川幕府の勝海舟や渋沢栄一ら、広範囲にわたる。敵味方の境なく人望を集めたその魅力は、現代を生きる私たちから見ても、ぜひに身につけたいものである。ただその一方で、彼の晩年を見ると、絶大な人望があったからこそ、過大な楽観主義に陥り、自ら破滅を呼び寄せてしまった部分もあるように思う。その成功と失敗から、現代人が学ぶべき人格の磨き方を探っていきたい。

西郷隆盛は、文政10年（１８２７）12月７日に薩摩藩の下級武士の家で生まれた。幼少期には兄弟が７人もおり、布団も不足するほどの貧乏生活を送っていたという。弘化元年（１８４４）、西郷は18歳で郡方書役助を藩に任じられ、藩の行政官僚の末端に連なった。西郷の勤務した郡方とは、郡役所と税務署の仕事の一部分を兼任したような仕事で、郡内の農政を担当した。すなわち、担当の郡部地域を巡回して、風水害や病害虫の被害が農作物、特に稲作にどれほど及んでいるのかを調査してその納税額の割り当ての加減をし、年貢徴収の監督にあたる。西郷の仕事はその書記役である。

西郷が最初に仕えた上司である郡奉行の迫田利済は名奉行として知られた人物である。私利私欲がなく、農民の生活に配慮せず年貢増徴に走る藩政府に反発する気骨ある人物であった。それだけに若く多感な年頃であった西郷への影響も強かったはずで、西郷の弱者への憐れみの心と清貧な生活は、迫田の薫陶がきっかけだったのだろう。

以後、西郷は10年にわたって郡方の仕事を務めることで、農民の苦しい生活を知った。後の尊王攘夷の志士たちの多くは空理空論を弄ぶだけだったが、西郷は常に現実的、実際的だった。若き日の下積み時代が、後の西郷の飛躍につながったといえよう。

薩摩藩では嘉永2年（１８４９）、お由良騒動というお家騒動が勃発した。藩主島津斉興の嫡男斉彬を廃し、斉興の側室であるお由良が産んだ久光を後継者に擁立しようという陰謀である。熾烈な権力闘争により多くの犠牲者が出たが、幕府の介入により、斉興は翌4年正月に隠居し、2月に斉彬が藩主の地位についた。斉彬は43歳であった。

藩主となった斉彬は、身分の上下を問わず、広く藩士の意見を求めた。これを好機と見た西郷は、農民の窮状を救うべく農政改革の意見書を藩に提出した。

これが島津斉彬の目に留まり、嘉永6年（安政元年、1854）正月、斉彬の参勤交代の行列に、当時28歳の西郷は中小姓として参加することになった。

一行は一時間ほど進んで、水上坂（鹿児島市）上の一茶店で休憩することになった。この時、斉彬は左右の者に向かって「西郷吉兵衛はいずれに在るか」と尋ね、西郷を引見した。主従の初の出会いである。その後、斉彬一行は3月に江戸に到着。その翌月、西郷は「庭方役」を拝命した。同役は藩主の側近くに仕え、機密事項に預かる秘書的な重要ポストである。

若い頃の西郷は、自分の才能に自信を持つあまり、自説を譲らない頑固なところがあったようで、郡方の同僚たちからは嫌われていた。しかし斉彬は、「役に立つ人材というものは、凡人から誹謗されるものだ」と述べ、西郷を抜擢した（『斉彬公史料』）。

このような人材観を、斉彬は儒学者の安井息軒の著書から学んだらしい。安井は、

「十人が十人、百人が百人好むような人物に、人材はいない。一癖ある人物から人材を選ぶべし」と説いた。斉彬は大いに共感し、「家老をはじめ、わが家中には今の非常時に対応できる人材がいない」と、積極的に癖のある人物を登用したという（『斉彬公史料』）。

上からも下からも慕われる性格は過酷な離島生活で培った

以後、西郷は斉彬の側近として、13代将軍・徳川家定の跡目を争う将軍継嗣問題などの政界工作に従事する。ところが安政5年（1858）、西郷が32歳の時に斉彬が急死してしまう。幕府は、一橋慶喜を次期将軍に就けようと画策していた斉彬らの派閥・一橋派に対する弾圧を強め（安政の大獄）、前途を悲観した西郷は鹿児島湾に入水する。蘇生した西郷は、藩より奄美大島で流島生活を3年ほど送ることを命じられ、長く藩政から遠のくことになる。

さて鹿児島では、新藩主島津忠義の実父である島津久光が藩の最高権力者の座に就いた。久光の信任を得ていた大久保利通は、久光に働きかけ、盟友である西郷隆盛を藩政に復帰させることに成功した。

このころ、島津久光は江戸参府を名目に兵を率いて上洛し、幕政改革を行おうと考えていた。しかし文久2年（1862）2月15日、鹿児島に帰着して久光と面会した西郷は、久光の計画は時期尚早で延期すべきであると諫めた。まずは藩内の派閥対立を解消し藩の結束を固め、大藩の有力諸侯と十分に連携して協力態勢を築くべきだというのだ。西郷の批判は理の通ったものではあるが、面と向かって久光の考えを全否定するやり方は、久光の顔をつぶすに等しい下策であった。

あげくの果てには、西郷は久光を「地ゴロ」と呼んだという（『市来四郎日記抄』）。「地ゴロ」とは薩摩の方言で田舎者という意味であった。幕閣や諸侯と交際があった斉彬と異なり、田舎者で中央政界に人脈を持たない久光が京都や江戸に行ったところで、幕政改革などできるはずがない、という趣旨の発言だったらしい。久光が不愉快に思ったことは言うまでもない。

かつての主君である斉彬を崇拝していた西郷は、久光を斉彬と比較して劣るとみなしていたのだろう。そのような久光を軽んじる気持ちが「地ゴロ」発言につながったのではないか。

西郷はさらに久光の許可なく大坂に行き、政治工作を行った。これを知った久光は激怒し、徳之島（とくのしま）、さらに沖永良部島（おきのえらぶじま）への流島を命じた。当初、久光は西郷に切腹を命じるつもりであったが、大久保らの嘆願もあり、死一等を減じて遠島処分にしたのである。西郷の沖永良部島での流島生活は粗末な座敷牢に閉じ込められるという過酷なものだった。

けれども沖永良部島での苦難は西郷の人格を磨き、これまでの自分の生き方を反省するきっかけにもなった。西郷は読書に励み、同じく沖永良部に流されていた同藩の書家である川口雪蓬（かわぐちせっぽう）から漢詩や書を学んだ。また、獄中にありながら、島に住む少年の教育にも携わった。こうした生活の中で西郷は、天を敬い、周りの人々を自分と同じように愛するという「敬天愛人（けいてんあいじん）」の人生哲学に目覚めたとされる。

後年、西郷が「敬天愛人」を座右の銘として盛んに語ったため、西郷を私欲のない大人格者として絶賛する意見が今でも少なくないが、西郷が最初からそういう性格だったわけではないことに留意すべきだろう。

イギリス人を刺殺した生麦事件をきっかけに、文久3年（1863）に勃発した薩英戦争（68ページを参照）に敗れた薩摩藩は、藩の立て直しのために再度西郷を呼び戻した。38歳の時である。

復帰を果たしたこの時の西郷は、以前とは別人のようだったという。かつての西郷は己の才能を恃んで誰に対してもズケズケと直言する人間だった。ところが復帰後の西郷は、謙虚で口数少なく、自分の本心を心の奥に隠すようになった。久光に対しても議論をふっかけるようなことはせず、敬意を払った。こうした態度の変化によって、西郷はますます人々から信望を集め、薩摩藩を代表する政治家へと成長していく。

西郷隆盛というと、度量の広い大人物のイメージが強い。だが、西郷は生まれながらにそのような人間だったわけではない。むしろ自分の意見が正しいと思うと、相手を徹底的に論破するような攻撃的・感情的な人間だった。西郷は自分の激しい性格が失脚に結びついたことを反省し、人間関係の円滑化のために意識的に謙虚にふるまったのである。我々も学ぶべきポイントだろう。

相手の心理を察知して打ち出す大胆な交渉術

元治元年（１８６４）2月に藩政に復帰した西郷は翌月には上洛し、早速、長州藩への対応に追われることになった。過激な尊王攘夷によって朝廷を牛耳っていた長州藩は前年の八月十八日の政変で京都から追放されていたが、復権を画策していた。

そんななか、同年6月5日、会津藩配下の新選組が池田屋を襲撃し、長州藩士ら過激な尊攘派を殺害するという事件が起こった（池田屋事件）。憤激した長州藩は兵を率いて京都を目指した。

当初、西郷は「長州と会津の私闘にすぎない」と中立不介入を主張していたが、長州藩が武力によって朝廷を掌握しようという意図が明確になると、西郷は会津（幕府）に味方し長州と戦う方針に転換した。7月18日夜から翌日未明にかけて行われた禁門の変で西郷は奮戦し、禁裏（天皇の居所）に迫る長州藩兵の撃退に成功した。

西郷はこの勢いを駆って長州に遠征し討伐することを望んだ。しかし国元の島津久光は、薩摩と長州が相争っては幕府が漁夫の利を得るだけだとして、武力行使には反対だった。

最終的に西郷は主君久光の意向を受け入れる。幕府が組織した征長総督府に薩摩藩を代表して参加した西郷は、軍事力で長州藩を威圧して、穏健派と強硬派の内部分裂を煽ることで、戦わずして長州を屈服させる戦略を主導する。西郷はわずか2人を伴って長州藩入りし、長州側との交渉をまとめた。

ほぼ単身で敵陣に乗り込むという大胆な行動によって相手の意表を突き、問題を一挙に解決する。自らの生に執着しない西郷ならではの交渉術である。また西郷は、強硬な要求をつきつけようとする幕府の役人を説得し、降伏する長州藩が面目を保てるよう配慮している。

この一件の後、紆余曲折を経ていわゆる薩長同盟が締結され、政局は倒幕へと急展開していくわけだが、先述の交渉スタイルは、江戸城無血開城の時にも発揮されることになる。

鳥羽・伏見の戦いに敗れた後、慶応4年（1868）正月12日、江戸に逃げ帰った徳川慶喜は、上野の寛永寺に謹慎し、隠居の意向を朝廷に伝えた。しかし西郷は容赦せず、2月2日の大久保利通宛ての書簡では、「慶喜を切腹させる」と語っている。

3月6日、駿府に進出した新政府軍の大総督府で江戸城進撃の期日が3月15日と決定された。ちょうどその日、旧幕臣の山岡鉄太郎（鉄舟）が勝海舟の書簡を携え、江戸を出発した。9日、山岡は駿府に着き、西郷と面談する。

山岡は、慶喜の恭順姿勢を伝え、慶喜への寛大な処置を願った。これに対して西郷は、徳川宗家の存続を認める条件として、①慶喜の身柄を岡山藩に預ける、②江戸城を明け渡す、③軍艦および武器を引き渡すこと、などを求めた。この高圧的な要求に、山岡は遠国に慶喜を送るのは臣下として承服できない、立場が逆ならあなたは主君島津忠義公を差し出せるのか、と熱弁した。心を打たれた西郷は十分に配慮すると答えた。

一見して長州を降参させた時と同じスタイルであることが分かるだろう。相手が折れる態度を明確にするまでは強硬姿勢を貫くが、妥協の余地が見えてくれば相手の顔が立つよう誠実に対応し、落としどころを探るのが西郷の交渉術である。

この山岡・西郷会談を経て、3月14日に、有名な勝・西郷会談が江戸で行われ、翌日に予定されていた江戸城総攻撃はいったん中止となる。後年の勝の回想によれば、この会談時の西郷は泰然自若としていて、勝を敗軍の将として侮蔑することなく、幕府の重臣に対する敬意を示したという（『氷川清話（ひかわせいわ）』）。西郷は京都に赴き、会談内容を報告した。朝廷での会議の結果、海舟の嘆願内容を大幅に採り入れた徳川処分策が決定された。

これを受けて4月4日、西郷は江戸城の引き渡しを命じる勅書（ちょくしょ）を幕府側に渡すため、江戸城に乗り込んだ。この時、西郷は兵士を引率せず、ごく少人数で入城しているが、これは徳川の将兵を刺激しないための配慮である。多くの敵兵がいる江戸城に総大将自らが飛び込む豪胆さは相変わらずで、これまた西郷の得意技であった。

1つの意見に固執せず、柔軟に解決策を探る西郷の大局観

戊辰戦争（ぼしんせんそう）の帰趨（きすう）がほぼ決すると（161ページを参照）、自らの役目は終わったと判断した西郷隆盛は明治元年（1868）11月初旬、鹿児島に帰還する。以後、西郷は薩摩藩政に関わることになり、2年間ほど中央政界から距離をとった。

しかし西郷なき新政府は、内部抗争と高官の腐敗が頻発し、国民の支持を失いつつあった。世間では西郷が薩摩藩の大軍を率いて蜂起し朝廷を改革するという噂まで流れていたようである（『大久保利通日記』明治三年十月十日条）。このため新政府は、西郷の再登板に向け動き始めた。

ちょうどそのころ、西郷従道（つぐみち）（隆盛の実弟信吾（しんご））が欧米の遊学から帰朝した。そこで早速、従道をして、兄隆盛の中央政府入りを説得させることとなり、明治3年（1870）10月14日、大久保利通らが従道にその趣旨を文書にして託した。従道は東京を出発して、10月22日、鹿児島に着いて、兄隆盛と会談した。従道は欧米列強の形勢、新政府の実情について隆盛に率直に語った。弟の憂国の熱情に触れた西郷は涙を浮か

べたという。
従道の報告を受けて、11月、勅使として岩倉具視が大久保利通らを伴って薩摩に下ることが決定した。12月18日に鹿児島に到着した岩倉勅使一行は、島津久光と西郷隆盛の両名に上京を強く促した。久光は西郷の上京を承諾するとともに、自分も来春には上京すると回答した。

西郷は政府高官の面々が身を慎むことを条件に政府への参加を約束した。西郷は藩兵の主力を、御親兵として東京に派遣し、政府の経費で維持することを提案した。

新政府が大改革を行うためには、新政府が強力な直属兵力を持つ必要があると西郷は考えていた。加えて、同志たる鹿児島士族を政府の予算で養いたいという思惑もあった。ゆえに御親兵制度を提案したのである。西郷は上京後、警察制度の創設に尽力するが、これも治安の維持と鹿児島士族の就職先の確保という一挙両得を狙ったものである。

岩倉・大久保は西郷を伴って山口に入った。岩倉は長州の元藩主である毛利敬親から上京の約束をとりつけ、大久保・西郷は木戸孝允と協議した。ここに薩長が団結・

協力していくことで合意が成立した。帰京を急ぐ岩倉と別れた西郷・大久保・木戸たちは高知に向かい、板垣退助らと会談して3藩提携へと発展させる。明治4年（1871）2月、西郷・大久保・木戸・板垣らは東京に入った。

2月10日に鹿児島（薩摩）・山口（長州）・高知（土佐）の藩兵からなる御親兵の編成が正式決定された。西郷はいったん鹿児島に帰国したうえで約3000の兵を率いて4月21日に東京に戻った。御親兵は3藩合わせて約8000人で、薩摩兵が主力であった。

この軍事力を背景に、明治4年7月14日に廃藩置県が一気に断行された。当初危惧されていた藩側からの抵抗は皆無で、粛々と県への引き継ぎが進められた。廃藩置県によって直轄府県のみならず日本全国が明治政府の財政の基盤となり、中央集権国家が完成した。

260年にも及んで築かれた強固な藩制を取り壊す、この日本史上最大の改革がスムーズに実施できた最大の要因は、西郷が積極的に同意したことにある。御親兵を統率する西郷は、反対する藩があれば兵を以て鎮圧するという強い態度を示したのである。

廃藩を実行すれば職を失う士族が多く発生する。政府内では士族（特に鹿児島士族）の権利を擁護してきた西郷が廃藩に抵抗するだろうと警戒が広がっていたため、西郷の賛成は意外な決断ですらあった。

西郷が廃藩置県直後に郷里の親友である桂久武（かつらひさたけ）に宛てた書簡によれば、既に長州藩など諸藩から廃藩を願い出る動きが出ており、欧米列強に対抗するためにも廃藩置県は不可避であると考えていたのだという。

薩摩藩が断固反対したところで、中央集権化という時代の流れを止めることはできず、近い将来に廃藩置県は実行される。そうなれば、いち早く廃藩に動いた長州藩に政府の主導権を奪われてしまう。西郷は廃藩置県に積極的に協力することで政府における主導権を維持し、警察などに鹿児島士族を雇用するという形で士族を救済しようとしたのである。

政府内では保守的な思想の持ち主であった西郷は、士族を守るためにあえて廃藩置県という大改革に賛同した。むろん、主君である久光との衝突も覚悟の上での行動である。この柔軟性と先見性、決断力には見習うべきところが多い。

健康不安と理想の狭間で、視野が狭くなった晩年

これまで維新の立役者・西郷の度量から編み出された成功譚を語ってきたが、そんな彼の転落のきっかけとなったのが、いわゆる「征韓論（せいかんろん）」論争だった。鎖国（さこく）政策をとる朝鮮（ちょうせん）は明治新政府を認めず、国交樹立を拒否してきた。この問題を解決するため、西郷は自らを使節として朝鮮へ派遣するよう求め、明治６年（１８７３）８月17日に閣議で西郷派遣が内定した。

ところが岩倉遣欧使節団（けんおうしせつだん）が帰国すると、岩倉具視・大久保利通らが西郷派遣に反対する。今は対外戦争よりも、日本国内の近代化を優先すべきという理由であった。そこで西郷が辞職をちらつかせたため、10月15日の閣議で西郷即時派遣が決定されるの

だが、すぐさま反対派が明治天皇を抱き込んで巻き返しを計り、西郷派遣を棚上げにした。西郷は23日に辞表を提出し、24日に天皇は使節派遣の無期延期を決定した。

さて西郷が朝鮮に使節として赴くことを希望した理由は、いまだに判然としない。通説では征韓論、すなわち朝鮮への武力行使を目的としていたと考えられてきた。だがその後、朝鮮との平和的交渉を企図していたという「遣韓論（けんかんろん）」説が登場した。最近では、西郷は死に場所を求めており、朝鮮で大義ある死を遂げようとしていたという死処説が唱えられている。

現在の歴史学界では、西郷が平和的外交交渉を望んでいたという「遣韓論」説はほぼ否定されている。ただ本書では、「征韓論」をめぐる学界での論争には深入りせず、西郷がなぜ政策論争、権力闘争で敗れたのか、その戦略ミスを明らかにしたい。

西郷が朝鮮行きを希望したことがうかがえる最初の史料が、明治6年7月29日付の板垣退助宛ての西郷隆盛書簡である。日本から朝鮮に兵を派遣して朝鮮側が反発した場合、こちらから戦端を開くことになってしまう。自分が兵を率いずに丸腰で朝鮮に赴けば、朝鮮側が暴挙に出る（西郷を殺害する）だろうから、戦争の大義名分が立つ。

大略、以上のように西郷は述べ、板垣に自らへの支持を求めている。

明治政府は成立当初から朝鮮との国交樹立を重要な外交的課題に据えていた。そして政府内で一貫して朝鮮に対する強硬外交を主張し「征韓」を公言していたのは、実は木戸孝允だった。一方で、西郷は朝鮮問題に特段の関心を寄せていた形跡が見られない。

西郷の使節志願はいかにも唐突で、周囲の人間もその真意を測りかねた。本来、周到な準備、根回しをする人間だった西郷が、思いつきで朝鮮行きを発案したことが混乱をもたらした。

西郷案はあまりに突拍子もないものであった。朝鮮との関係をどう処理するかは確かに重要な課題であるが、朝鮮との間で深刻なトラブルが発生していたわけではなく、急いで解決しなければならないものではない。

政府の最重要人物であり、かつ士族たちの信望の厚い西郷が本当に殺害されることになれば、国内に大きな動揺が生じる。朝鮮問題の解決と西郷の命を引き換えにするのはリスクが大きすぎる。

西郷派遣が内定した後も、西郷が対朝鮮戦略を真剣に検討した様子は、残された史料から確認できない。西郷が平和的交渉によって朝鮮との国交樹立を目指していたとしたら、その具体的手段について外務卿の副島種臣と協議したであろう。反対に、自らが朝鮮で殺害されることを利用して朝鮮に武力行使を行うという謀略を企図していたのだとしたら、軍事作戦の立案が重要になってくる。西郷はそのいずれも行っていない。西郷は死に場所を求めていただけ、という死処説が登場した所以である。

西郷は、自分が礼儀を尽くして道理を説けば、朝鮮は開国すると楽観していたのだろうか。あるいは、自分が殺されて戦争になれば、不平士族たちの活躍の場が生まれるといった漠然とした見通しを持っていたのだろうか。はたまた死に急いでいただけだったのか。いずれにせよ、無策のそしりを免れない。

以上見てきたように、西郷の真意が朝鮮への武力行使だったにせよ、平和的交渉による朝鮮との国交樹立だったにせよ、西郷がかつての冴えを失っていたことは間違いない。計画性に欠ける粗雑な対朝鮮政策を掲げた西郷が政争に敗れたのは必然だった。

近年の研究が重視するように、当時の西郷は健康を大きく害していた。肥満に伴う血行障害が著しく、肥満の治療のために1日に数回下剤を用いたため、下痢にも苦しめられるようになった。病気のために閣議に参加できなかったこともしばしばあったようである。「征韓論」問題が浮上する直前の明治6年（1873）5月には太政大臣の三条実美（さんじょうさねとみ）と大久保に、健康問題を理由に辞意を表明し、慰留されている。

西郷は激しい胸の痛みにもたびたび苦しめられているから、長年の激務によるストレスが心身を蝕（むしば）んでいたという側面もあったと思われる。廃藩置県以後、主君久光との関係が悪化したことも、西郷の精神的負担になっていた。心身の疲弊が西郷の判断力を鈍らせたのではないか。

さらに西郷は、廃藩置県や徴兵令（ちょうへいれい）によって特権を失った士族（特に同志たる鹿児島士族）の困窮に心を痛めていた。むろん西郷は前述の通り、できる限りの救済に努めていたが、それでも限界があった。

維新後の日本社会が伝統的な文化・精神を軽視し、安直に西洋文明を模倣する風潮も西郷を苛立（いらだ）たせた。相変わらずの官吏（かんり）の腐敗堕落も西郷の目に余るものだった。自らが築いた新時代が己の理想とかけ離れてしまったことに、西郷は絶望していたのだ。

明治日本への強い不満は、西郷から冷静さを奪っていった。西郷は現状打開を急ぐあまり、独善的・短絡的な自分のアイデアに熱中し、盟友であった大久保との間に溝を作った。西郷の晩年の失敗は、現代の我々にも身につまされるものが多いのだ。

自己のカリスマ性を過信した西郷の最期

維新の英雄である西郷隆盛が明治10年（1877）に起こした西南(せいなん)戦争は、最大にして最後の士族反乱、さらに言えば日本最後の内戦である。現役の陸軍大将である西郷の挙兵は、当時大きな衝撃をもたらしたが、後世から見ると、この挙兵は明らかに無謀であった。

西郷軍の軍費が約70万円であったのに対し、政府軍は約4160万円と大差があった。また西郷軍には海軍がなかった。常識的に考えて、勝てるはずがない戦いである。

このため、小説やドラマなどでは、若い士族たちの熱意に押されて、死を覚悟して西郷が挙兵を決意する場面が描かれている。実際、3月12日に熊本の西郷が、鹿児島の行政長官にあたる県令・大山綱良に宛てた書簡では、今回の戦いは勝敗を度外視しており、理念に殉じて死ぬつもりである旨が記されている。

しかし右書簡は、熊本攻城戦が思うようにいかない時点で出されたものである。後述するように、決起した段階での西郷は、勝算は十分にあると認識していた。西郷はどこでどのように判断を誤ったのか、考察してみよう。

鹿児島では、征韓論政変後に政府に不満を感じて帰国した士族たちが主導権を握った。このため、鹿児島県は全国で唯一、西南戦争に至るまでほぼ地元出身者だけで県庁を固め、独自の施策を行ったため、あたかも独立国の様相を呈していた。また西郷は私学校を創設して、事実上の私軍を養った。このことは新政府に大きな脅威を与えることとなる。

大久保利通の側近である大警視川路利良が私学校派の内部離間を企図して、帰省などの名目で密偵として潜入させた二等少警部中原尚雄らが明治10年（1877）2月

3日、私学校派に捕らえられた。中原は拷問の末に西郷刺殺の密命があったと自白したため、西郷と私学校派は激怒した。

2月14日、西郷軍は、西郷暗殺陰謀に対して政府に「尋問」することを理由に、武装して北上を開始した。西郷自身も翌15日に出陣した。西郷は1万3000の鹿児島士族を歩兵7個大隊に編成し、腹心の部下であった桐野利秋（きりのとしあき）らを「指揮」に任じた。

しかし肝心要の戦略は、全軍で九州防衛の要である熊本鎮台（ちんだい）を陥落させて九州の形勢を制し、機を見て大阪・東京に進出するという大雑把なものだった。

あくまでも結果論であるが、西郷が桐野らごく一部の幹部を伴って汽船に乗り込み、当時天皇の滞在していた京都に急行し、今回の暗殺計画について訴え出れば、明治政府（大久保政権）は大きく動揺しただろう。ところが西郷は多くの将兵を伴っての東上を選択したため、進軍速度は格段に遅くなった。大久保政権はその分、時間的余裕を得た。

絶大的なカリスマ性と人望を持つ西郷がひとたび起てば、全国の不平士族が呼応し、農工商の子弟から徴募した士気と練度の低い徴兵を主体とする政府軍など瞬く間に蹴散らせる。西郷らはそのように楽観視していた節がある。けれども周知のように西郷らは熊本城攻略に失敗し、田原坂(たばるざか)の戦い以降は敗北を重ねた。９月24日には西郷は鹿児島の城山(しろやま)で自刃した。享年51。

政府軍と西郷軍の勝敗を分けた最大の要素は、海軍力である。海軍は軍艦19隻、将兵２２８０名を動員して参戦した。政府軍は汽船の機動力と輸送力、そして電信を活かして、西郷軍の機先を制し、また物量において西郷軍を圧倒した。

西郷は自らのカリスマ性を過信する半面、汽船や電信といった最新テクノロジーの威力を過小評価していたように思われる。西郷軍は、海に面した本拠地鹿児島の防備すら考慮しておらず、海軍の砲撃になす術もなかった。海軍の薩摩閥が味方するという甘い見通しゆえに、海への備えを怠ったのであろう。

戦局の転換点は熊本城の攻略失敗である。板垣退助らが戦後、堅固な熊本城の攻略に固執した西郷軍の作戦を批判したため、熊本城強襲策は愚策という評価が定着した。

しかしながら、熊本城を素通りしたところで、西郷軍は関門(かんもん)海峡を渡らなければならず、その先にも広島鎮台、大阪鎮台が立ちはだかる。結果論ではあるが、むしろ攻略を途中で断念したことが失敗だった可能性もある。

もし熊本城を陥落させることに成功していれば、その政治的宣伝効果は大きく、全国の不平士族が蜂起したであろう。むろん、総合力で西郷軍を凌駕(りょうが)する政府軍を打倒できるかどうかは疑わしいが、現実の戦争の推移よりはいくらか勝算がありそうだ。

西郷は多大な犠牲を払ってでも熊本城攻略に全力を尽くすべきだったのではないか。西南戦争において西郷がほとんど陣頭指揮をとらなかった事実は、西郷の覚悟の不足を象徴している。

要するに、西郷の過失は、政府への「尋問」のために大軍を動かすという中途半端さにあったといえる。大久保政権への詰問が目的であるならば兵を用いるべきではなかったし、戦うと決めたからには兵員の損害を厭(いと)わない冷酷なまでの徹底さが必要だった。

楽観的な見通しとどっちつかずの方針。明治維新きっての英雄である西郷が晩年に陥った罠は、現代の我々からしても決して他人事ではない。

西郷隆盛から学ぶ教訓

一、「能ある鷹は爪を隠す」を徹底せよ

二、交渉事は、まず相手の意表をついて主導権を握り、妥協の余地が出てきてから誠実な態度で挑む

三、老いて先行き不安になると、結果を焦って考えが浅はかになりやすいことを肝に銘じよ

伊藤博文に学ぶ 戦略的出世の方法

英語力・海外との交渉能力を武器に自らチャンスを掴み取る

伊藤博文は大久保利通の暗殺、明治十四年の政変での大隈重信の失脚を経て、明治政府の中核を担った人物である。特筆すべき事績としては、大日本帝国憲法（明治憲法）の立案において中心的役割を果たしたことが挙げられよう。また内閣制度を創設し、初代首相に就任した。大日本帝国憲法発布の翌年には議会を開設し、自らは貴族院議長となった。

近代国家の要件は、立憲体制と議会制民主主義である。すなわち、憲法の下、国民が選挙で選んだ国民の代表によって構成された国民議会（戦前の日本においては衆議院）での審議に規定されて国政が運営されていることが条件である。したがって伊藤博文は近代日本を創った人物といえ、その政治的業績に比肩する者はいない。

ところが伊藤の生まれた身分は驚くほど低かった。伊藤博文の父である林十蔵は長州藩の束荷村（現在の山口県光市）の農民の生まれで、後に萩の伊藤直右衛門に仕え、その信頼を得て彼の養子となった。これに伴い、十蔵の息子である利助（のちの博文）

も武士になった。だが伊藤家自体も長州藩の武士としては下級に属する足軽であった。なおこの階級は、明治初年には「卒族」と呼ばれ、「士族」とは区別される対象である。

そのような低い身分から日本最大の権力者にまでのし上がった伊藤博文は、百姓から天下人に成り上がった豊臣秀吉になぞらえて、当時「今太閤」と呼ばれた。戦後、同じく「今太閤」と呼ばれた人物に田中角栄が挙げられるが、当時の伊藤の出世はそれと同等のインパクトがあったということだろう。

本章では、どうしてそのような立身出世が可能になったのかを見ていきたい。

伊藤は11、12歳の頃、萩の久保五郎左衛門の塾に通い、優秀な成績を収めたという。久保は特に思想的な人物ではなく、単に読書・詩文・習字を教えるだけだったが、ここで伊藤は学問の基礎を身につけた。久保の塾には長州藩士の子弟でないと通えなかったので、足軽とはいえ、武士の子になれたことは伊藤にとって幸運だった。

ペリー来航を契機とした開国に伴い、江戸幕府は江戸湾内海や相模（現在の神奈川県）、房総（現在の千葉県）沿岸の警備を諸藩に命じた。長州藩は相模の警備を担当することになり、安政３年（１８５６）９月、14歳の伊藤はその一人として派遣される。

翌4年（1857）2月、伊藤の上司として来原良三（栗原良蔵、194ページ）が赴任する。桂小五郎（のちの木戸孝允）の義弟にあたる来原は伊藤の才能を見込んで、伊藤に勉強を教えるようになった。同年9月に1年の勤めを終えた伊藤は萩に帰ることになったが、来原から吉田松陰への紹介状を渡され、帰藩すると松陰の松下村塾に入門する。

松下村塾での研鑽の甲斐あって、伊藤は長州藩の有望な若手として注目され、京都や長崎で遊学の機会を得る。

ところが安政6年（1859）10月27日、安政の大獄（39ページを参照）により、吉田松陰は江戸小伝馬町の牢内で処刑された。この時、伊藤は木戸孝允の下僚として江戸におり、木戸らと共に松陰の遺体を受け取っている。伊藤18歳の時のことである。

尊敬する師を幕府の弾圧によって失った伊藤は、尊王攘夷運動に参加する。文久2年（1862）12月13日には、高杉晋作らとともに品川御殿山のイギリス公使館を焼き打ちした。21日には幕府が孝明天皇廃位のために国学者塙次郎（忠宝）に廃帝の前例を調べさせているという噂を耳にして、塙次郎を斬殺している。日本の歴代総理大臣のうち、暗殺で手を汚している人物は伊藤博文だけである。

現代の価値観から見ればテロリストと評価せざるを得ない伊藤博文は、いかにして政治家の道に進むことができたのか。転機となったのはイギリス留学である。とはいえ、当時幕府は日本人の海外渡航を禁じていたので、密航という形になる。

当時の長州藩首脳部は、闇雲に西洋列強を攻撃しようとしていたわけではなく、日本の武力を見せつけた上で対等の立場で国交を結ぶことを視野に入れていた。そこで西洋の事情を知るため、西洋に若い藩士を留学させることにしたのである。

この時、伊藤は江戸滞在時代からの知己で正式な藩士である志道聞多（のちの井上馨）に、イギリス密航を誘われる。井上は攘夷のため、イギリスで海軍について学びたいと考えていたのである。伊藤は松下村塾の同窓で過激な尊王攘夷運動の同志であった久坂玄瑞（２０８ページを参照）に相談したが、攘夷を決行するほかないと反対された。しかし伊藤は洋行を決意する。久坂の意見に惑わされなかったこの時の選択が、伊藤の運命を大きく変えることになる。

文久３年（１８６３）5月12日、伊藤は井上馨・遠藤謹助・山尾庸三・野村弥吉（の

ちの井上勝（いのうえまさる）とともにイギリス船に乗って横浜を出発した。上海（シャンハイ）から5人は2隻の船に分かれてロンドンに向かった。伊藤と井上は9月23日にロンドンに到着し、先に着いていた遠藤らと再会した。彼らはロンドン大学ユニバーシティカレッジで学んだ。なおロンドン大学には彼ら「長州ファイブ」の顕彰碑（けんしょうひ）が現在も立てられている。

ロンドンに滞在することになった伊藤や井上は、英語を学ぶと共に博物館・美術館などに通い、海軍施設や造船場その他の工場などを見学した。伊藤らは留学中にイギリスの圧倒的な科学技術と国力を目の当たりにして、攘夷の考えを捨て始めていた。

ところが伊藤らがイギリスに向け横浜を出発する2日前、長州藩は米国商船を下関（しものせき）で砲撃した。同年7月には薩摩（さつま）藩も鹿児島湾でイギリス艦隊と交戦を始めた（薩英（さつえい）戦争）。数か月後、これらの情報が掲載された『タイムズ』紙の記事を、伊藤らは寄宿先のイギリス人らに教えられた。仰天した伊藤と井上は、残り3人には学業を続けさせ、2人のみが帰国して長州藩の攘夷政策の無謀を諫（いさ）めようと決意した。わずか半年間の留学であった。

帰国した伊藤・井上は攘夷の撤回を藩に求めた。彼らの建言は受け入れられなかったが、伊藤は英語力と外国人とのコミュニケーション能力を買われて、イギリス、フランス、アメリカ、オランダからなる四国艦隊との外交交渉に携わるよう命じられた。この交渉における貢献が伊藤の藩内での声望を高めていった。また四国艦隊による下関砲台の占拠という長州藩の惨敗に終わった下関戦争は、西洋を実際に見聞し敗戦を予言していた伊藤の価値を急激に押し上げる形になった。

もっとも、幕末期における伊藤の活躍は決して華々しいものではない。第二次長州征伐では長崎出張を命じられて武器の調達にあたった。大政奉還（160ページを参照）の際にも伊藤は長崎にいた。イギリスのグラバー商会から汽船を借り入れる交渉のため、長崎に出張していたのである。新政府軍と旧幕府軍が戦端を開いた鳥羽・伏見の戦いの時も長州にいた。伊藤の地位はまだまだ低く、武器購入など外国商人との交渉に便利使いされているにすぎなかった。それでも足軽出身としては破格の扱いではあったが、伊藤のように能力と野心溢れる人間に見合う仕事とはいえない。

伊藤が表舞台に出る機会は突然訪れた。慶応4年（明治元年、1868）1月10日、下関からイギリス軍艦に便乗し、12日に神戸に到着した。ところが伊藤の神戸到着の前日、日本人と外国人が衝突する神戸事件が発生した。岡山藩兵が隊列の前を横切った外国兵と喧嘩になり、発砲、銃撃戦に発展する。しかも、偶然そこを通りかかった欧米列国の公使たちにまで砲火を浴びせたのだ（弾は当たらなかった）。

列国の公使団は軍を動かし、神戸中心部を占拠し、さらに神戸港に停泊していた諸藩の艦船を拿捕して、新政府に対応を迫った。発足したばかりの新政府が初めて直面した外交問題である。

伊藤はこの事件を知ると、すぐに以前からの知り合いであるパークス駐日イギリス公使と面会した。そのうえで、パークスの伝言を携えて大坂に赴き、外国事務総督を務める東久世道禧に速やかな事件処理を進言した。

伊藤はただちに東久世総督のもとで外国事務掛に任じられ、6か国の公使との会見に臨んだ。交渉は成功し、新政府は日本側責任者の厳重処罰という列国側の要求を受け入れる代わりに、幕府から新政府への政権交代を認めさせることに成功した。東久世は伊藤らの交渉力を高く評価して新政府に報告している。

神戸事件が起こるや否や、自分の判断で旧知のパークスに会いに行った伊藤の機転は特筆に値する。大げさに言えば、伊藤は新政府の危機を救ったのである。チャンスを自ら摑みに行った伊藤の出世街道はここから始まる。

能力を権力者にアピールする機会を逃さない貪欲さ

神戸事件は、新政府の外交方針の明確化につながった。倒幕運動は尊王攘夷運動から始まったものだが、成立した新政府は攘夷の姿勢をはっきり捨てることで、列国の支持を得ることに成功した。このことは、旧幕府方との戊辰（ぼしん）戦争を勝ち進める上で多大な貢献をもたらした。

神戸事件での功績が評価された伊藤は慶応4年（明治元年、１８６８）1月25日に参与（さんよ）職に抜擢された。参与は、王政復古（おうせいふっこ）の大号令（だいごうれい）によって新政府に新設された三職、総裁（そうさい）・議定（ぎじょう）・参与の１つである（１６０ページを参照）。

総裁は有栖川宮熾仁親王であるが、有栖川宮はその後、東征大都督に任命され、旧幕府軍討伐のために出陣したため、政務の中心になることはなかった。議定には、皇族・上級公家・雄藩の藩主が任命され、参与には下級公家と雄藩の有力藩士が任命された。参与は議定の下に位置づけられたが、岩倉具視・西郷隆盛・大久保利通・木戸孝允といった顔ぶれから分かるように、新政府を実質的に動かしたのは参与であった。

それまで長州藩から参与に任じられていたのは、木戸孝允・広沢真臣ら藩の指導的地位にあった上級武士に限られていた。伊藤の参与就任は異例の抜擢である。同年2月20日には徴士参与職外国事務局判事になった。外国事務局は後の外務省にあたる。伊藤は新政府の外交部門の要職に任命されたのである。

5月には、大阪府判事兼外国官判事を経て、兵庫県知事に任命された。26歳の若さである。当時の兵庫県は神戸港を中心とした狭い地域であったが、欧米列国の公使館が置かれた神戸を抱える兵庫県知事は、外交の最前線を担う重要ポストであった。しかも兵庫県知事は組織のトップであり、従五位下に叙位されたこともあり、伊藤は中小の藩主と同格に立った。足軽出身の伊藤が、いわば大名にまでのし上がったのである。

伊藤の躍進は、渡英によって得た英語力と、幕末期に培った欧米人との交渉能力に立脚している。しかし、自身の能力を権力者にアピールする機会を逃さぬ伊藤の貪欲さも注目される。

伊藤の人脈のうち、特に大きな意味を持ったのは木戸孝允との関係である。伊藤は江戸時代最末期に長州藩政を握った木戸孝允に対し、たびたび自らの意見を述べ、政策を提案するなど、積極的に売り込みを図った。

その甲斐あって、新政府内で、伊藤は木戸によって引き上げられていく。木戸は政府内における急進改革派であり（161ページを参照）、保守派との権力闘争を制するには、改革派官僚を手元に集める必要があった。欧米の政治や文明についての深い知見を持ち、中央集権化や能力本位の人材登用の必要性を強く唱え、しかも行政の実務経験を積んでいた伊藤は、木戸にとって不可欠の人物であった。

木戸は自身の派閥から大隈重信、伊藤博文、井上馨らを大蔵省・民部省という最重要官庁の中枢ポストに送り込んだ。佐賀藩出身の大隈は木戸系（改革派）の維新官僚としては最有力の存在で、伊藤より地位が上だった。けれども、伊藤は幕末から木戸の側近として活動していたため、木戸が最も心を許せる腹心筆頭となった。伊藤は木戸の意を受けて大蔵・民部両省の行政改革に辣腕をふるった。

自説を強硬に唱えるだけでなく、上司との人間関係に配慮する柔軟性

戊辰戦争を勝ち抜いた新政府であったが、当時の日本には、旧幕府が発行した金銀銅などの硬貨、諸藩が藩内限定で通用する通貨として発行した藩札、新政府が戦費調達のために乱発した多額の不換紙幣などが雑然と流通していた。その中には、偽造貨幣も多く混入したため、各貨幣相場の変動が激しく、物価が乱高下した。

そこで大蔵少輔（現在の次官クラス）の伊藤博文は、アメリカの貨幣制度を調査し、

それを参考にして日本の制度を確立することを提案し、アメリカ出張を希望した。これはすぐ採用され、明治3年（1870）閏10月3日にアメリカ出張を命じられた。

伊藤は随員を率いて11月2日に横浜から出航し、翌4年5月9日に帰国した。このアメリカからの調査報告がきっかけとなって、明治4年5月10日に、日本初の貨幣法である新貨条例が制定された。当時のアジア諸国の大半が銀貨決済を主としていた中、欧米にならって金本位制を採用した点が最大の特徴である。この金本位制への転換を強力に主張したのも伊藤である。

伊藤はアメリカ滞在中に、貨幣制度以外にもアメリカの諸制度を学んだ。伊藤は帰国すると、木戸に対して立法府と行政府の即時分離を主張した。木戸は時期尚早と批判し、激論になった。この時期の伊藤はまだ若く、欧米の文明に憧れ、理想視するあまり、改革派の木戸から見ても急進的・非現実的な政策を唱える過激な人物だった。

しかし伊藤は、木戸の怒りを解くため、後日手紙を送り、木戸に異論を受け入れる度量があると信じているからこそ、あえて本心を述べた、と弁明した。自身の才知を誇り自説を強硬に唱えるだけでなく、上司との人間関係に配慮する柔軟性は伊藤らしい強みである。
さて幕府が欧米5か国と結んだ不平等な修好条約（260ページを参照）は、明治5年（1872）に改定の時期を迎えることになっていた。周知のように幕末に締結された修好条約は、治外法権があり関税自主権がないという日本に不利な内容であった。

伊藤はアメリカ出張中から条約改定交渉の必要性を提言していた。これが一因となったのか、明治4年9月には条約改定について欧米諸国と協議するための使節団を派遣する計画が進められた。10月8日には使節団派遣が正式決定した（岩倉遣欧使節団）。使節団の団長である特命全権大使には右大臣の岩倉具視が任命された。副使には木戸孝允・大久保利通・伊藤博文・山口尚芳が任命された。使節団は11月12日、サンフランシスコに向けて横浜港を出発した。

政府の重鎮である岩倉・木戸・大久保の3者は外国語を話すことができない。山口は英語とオランダ語を理解したが、実際に海外に行ったことはなく、前3者と関係が薄かった。それに対し伊藤は木戸の側近であるし、岩倉にも以前から接近し気に入られていた。２度の海外滞在経験があり、幕末から欧米人と折衝してきた伊藤が使節団の主導権を握ったのは当然であろう。

だがよく知られているように、岩倉使節団による条約改正交渉は大失敗に終わる。条約改正の見込みありとの楽観論を唱えていた伊藤にとって大きな失点であり、実際に木戸との関係が一時悪化した。

ところが伊藤は失脚しなかった。大久保は、条約改正の失敗は日本の国力・文明がまだ低レベルであるからだと認識し、伊藤を責めなかった。むしろ広く欧米諸国の発展を見聞したことで、それまでの保守的な姿勢を改め、急進改革派として敵視してきた伊藤を見直し、親交を深めるようになる。伊藤は使節団での外遊中に木戸との関係も修復し、岩倉・木戸・大久保という３人の実力者に信任された新進気鋭の政治家へと飛躍していく。

戦略眼と根回しで、大事を動かす政治家へ

以上で見た通り、伊藤が異例の出世を遂げた要因は、本人の能力・経験もさることながら、上に提案し己を売り込む積極性にある。しかし伊藤が「優秀な部下」の立場を超えて、人の上に立つ指導者になると、「上司に気に入られる」スキルだけでは通用しない。伊藤はいかなる戦略を取り、偉大な指導者になっていったのか、見ていこう。

第2章でも紹介したように、帰国した岩倉使節団は「征韓論」問題に直面した（51ページを参照）。欧米との圧倒的な国力の差を痛感した岩倉・木戸・大久保らは国内改革・産業育成が急務であり、対外戦争につながりかねない西郷の朝鮮派遣は中止すべきだと考えた。けれども大久保が、盟友西郷との対決を避けようとするなど、3人の足並みは必ずしも揃っていなかった。

ここで活躍したのが伊藤である。伊藤は岩倉・木戸・大久保3者の間を行き来し、反征韓派の結束を固めた。西郷の朝鮮派遣が中止になったのは、伊藤の奔走によると

ころが大きい。下野した西郷らの欠を補うため、伊藤は参議に任じられた。以後、伊藤は戦略眼と根回しで、大事を動かす政治家として台頭する。木戸の病死、西郷の戦死、大久保暗殺という維新三傑の立て続けの死もあって、伊藤は政府の中心人物の一人にのし上がった。

少し時を戻す。「征韓論」問題で下野した板垣退助を中心に明治7年（１８７４）1月、民撰議院設立建白書が政府に提出された。政府は翌8年には漸次立憲政体樹立の詔を発布して自由民権運動の鎮静化を図るが、国会開設を求める動きはさらに勢いを増していった。

明治12年（１８７９）には民権派の国会開設運動は全国に広がり、政府は民間の声をもはや無視できなくなった。12月、右大臣の岩倉具視は各参議に立憲政体に関する意見書を天皇に奏上するよう求めた。

伊藤の考えは立憲政体への移行を慎重に進めるべきとする漸進主義であった。かつては欧米の制度の速やかな導入を説く急進的改革派だった伊藤だが、欧米視察によって、日本国民の政治意識が未熟であることを察知し、性急な国会開設は政治的混乱を招くと考えるに至る。改革一辺倒でも改革絶対反対でもない伊藤のバランス感覚と現実主義は、同時代の指導者の中でも際立っている。ここに伊藤の官僚から政治家への変身が見てとれよう。

このように各参議が続々と意見を提出していく中、大隈重信はなかなか意見書を提出しなかった。不審に思った明治天皇は左大臣有栖川宮熾仁親王を通じて提出を督促した。大隈は明治14年（1881）3月、ついに意見書を有栖川宮に提出した。しかし大隈は、他の大臣・参議には決して見せないようにと念を押した。

この秘密主義が疑惑を呼び、後に大隈が天皇に「密奏（みっそう）」を図ったとの噂が飛び交うことになる。

だが、より大きな波紋を投げかけたのが、大隈意見書の内容であった。大隈は意見書において、年内に憲法制定、翌年に議員選挙、2年後に国会を開くという極めて急進的なスケジュールを主張した。しかも最先進国であるイギリスをモデルとして、議会で多数を占める政党が内閣を組織するという、政党政治に立脚した議院内閣制（ぎいんないかくせい）を提案したのである。

大隈意見書の急進性に驚いた有栖川宮は、大隈との約束を破り、太政大臣三条実美と右大臣の岩倉具視に意見書を回覧した。岩倉が大隈と面会して真意を問うたところ、民権派の機先を制すべきであると説いたという。どうやら大隈は、民権派の準備が整わないうちに、先進的な憲法を制定し選挙を行うことで、政府党主導で国会を運営しようと考えていたらしい。

けれども大隈意見書の内容が政府内に漏れ伝わるにつれて、「大隈に野心あり」という風説が広まっていった。大隈が同僚の参議たちを出し抜くような形をとったことも相まって、大隈は国会開設の主導権を握り、民権派政党と連携することで首相就任を目論んでいるのではないか、という疑念が政府内に生じたのである。

特に憤激したのが伊藤であった。伊藤はこれまで年長の大隈を尊重して政治を進めてきた。この年の1月にも、伊藤は大隈・井上馨と熱海で立憲政体について話し合っていた（熱海会議）。伊藤にしてみれば、政府内進歩派の参議である大隈・伊藤・井上3者の協調関係を確認したつもりであった。にもかかわらず、大隈が伊藤に対して事前に相談せず、政府内保守派が反発すること必至の意見書を天皇に〝密奏〟したことは、自分への裏切りであると伊藤は考えた。
7月、伊藤は三条に大隈への不信を語り、参議辞任まで口にした。三条に相談された岩倉は、大隈と伊藤を和解させようと動いた。岩倉に注意された大隈は伊藤を訪れ、事前に相談しなかったことを謝罪した。これにより2人の関係は修復されたかに見えたが、伊藤は岩倉の顔を立てただけで、大隈への不信感が解消されたわけではなかった。

その後ほどなくして、開拓使官有物払下げ事件という政界汚職疑惑が発生し、新聞各社が激しく政府批判を展開した。参議兼開拓使長官で保守派の黒田清隆が、政府の資金で北海道に建設されたもろもろの官有物を、不当な安値で政商の五代友厚に払い下げようとしているというのである。

薩摩藩出身の黒田が同郷の五代と癒着していたという告発は、これまで国民の間で鬱積していた藩閥政治への不満を爆発させた。窮地に陥った政府内では、これ以前に払い下げ申請を却下された三菱と親しい大隈が、払い下げ情報を新聞などにリークして政府批判を煽り、民権派と結託して政府転覆を企んでいるという陰謀論がまことしやかに囁かれた。

7月末から始まった払い下げ批判は9月には政府内にも飛び火し、払い下げ中止を求める声が挙がった。一方、黒田清隆率いる薩摩閥は大隈への反感を強めていく。流動化する政局の中で、伊藤は10月に払い下げの中止、大隈追放の2つで政府内をまとめあげた。いわゆる「明治十四年の政変」である。

明治十四年の政変がもたらしたものは右に留まらない。最大の意義は、激昂する民権派を宥めるため、国会開設の勅諭が下された事実である。明治23年を期して国会を開くことが、天皇の名によって約束されたのである。民権派の攻勢があったとはいえ、政府内保守派を説き伏せて国会開設の明確な期限を設定することに成功した伊藤の政治力は瞠目に価する。かくして伊藤は政府の事実上の頂点に立った。

憲法制定における伊藤の現実主義とバランス感覚

明治十四年の政変は、結果から見ると、大隈重信と薩摩閥の対立が深まる中、伊藤博文が薩摩派と提携して大隈を政府から追放した事件と整理することができる。大隈が失脚したことで、大隈が提唱したイギリス流の議院内閣制を日本に導入する道は断たれた。伊藤は、国民の気まぐれな意見が政治に強く反映されることを避けるため、ドイツに倣(なら)った行政権の強い憲法を制定することを決意する。

明治15年（1882）3月、伊藤は憲法調査のため横浜を出港し、欧州に向かう。実のところ、伊藤の洋行に対しては官民を問わず批判が少なくなかった。なぜ政府の第一人者たる伊藤が、長期にわたって日本を空けて憲法の条文の調査をせねばならないのか、というのである。そのような瑣末(さまつ)な調査は、担当の官僚を派遣するなり、現地の外交官に任せるなりすれば十分ではないか、という声が政府内外から挙がっていた。

しかし伊藤は、単に憲法の条文の調査をするためだけに渡欧したのではなかった。

伊藤は、形だけ立派な憲法を制定しても意味がないと考えていた。伊藤が最も知りたかったのは、憲法施行後の国家運営の具体的な指針であった。立憲国家を円滑に機能させるための方法論を明らかにするという高度な調査は、中堅官僚から政府首脳まで、オールラウンドに行政を担当してきた伊藤自らが主導しなければ不可能であった。

そのような問題意識を持っていた伊藤が深く感銘を受けたのは、ウィーン大学のローレンツ・フォン・シュタイン教授の講義であった（１６３ページを参照）。ベルリン大学のルドルフ・フォン・グナイスト教授が伊藤に対して議会の権限をなるべく小さくすべきだと忠告したのに対し、シュタインは議会政治と行政の調和を説いた。

伊藤は征韓論政変のころから、教条的・理念優先の政治を排し、根回しや駆け引きを行い、状況の変化に柔軟に対応する政治スタイルをとっていた。そんな伊藤にとって、行政権優位を前提としつつも、行政府・君主・議会が互いに牽制し合う制度が望ましいとするシュタインの国家理論は腑に落ちた。伊藤は、諸政治勢力の妥協と調和に支えられた立憲国家を構想するようになる。

伊藤は８月に岩倉具視に手紙を書き、「英米仏の自由過激論者」の著作のみを金科玉条のように掲げる連中に反論する手段を得た、と手ごたえを語っている。伊藤が日本にふさわしいと考えた立憲政体のイメージは、憲法上、君主に主権があるが、その大権は各機関に委任され、君主の恣意によって委任を否定することはできないというものであった。

伊藤の抱く立憲国家像は、事実上、君主権を制限することになるが、保守的な岩倉に対しては、その辺りの説明をごまかしている。伊藤の狡猾さがうかがえる。

翌年8月に帰国した伊藤は自信に満ち溢れていた。伊藤がシュタインの素晴らしさをあちこちで語ったため、日本の政治家や官僚、学者、留学生などがウィーンのシュタインを訪れ、教えを乞うという「シュタイン詣」が相次いだという。これは伊藤がシュタインに心酔していたという単純な話ではないだろう。シュタインを権威として持ち上げることで、シュタインから2か月にわたって講義を受けた自身の優位性を誇示し、憲法制定の主導権を握ろうとしたと考えられる。

伊藤は憲法制定に先立って、内閣制度の創設など行政組織の改革に着手した（詳細は第5章に譲る）。シュタインの薫陶を受けた伊藤は、憲法だけ制定しても無意味であり、重要なのは、立憲君主制の運用を支える行政の充実であると考えたからである。すなわち、君主と立法府から自立した行政府（内閣）を中心とする政治システムの制度化こそが伊藤の国家構想の核心であった。令和の現代にまで通じる行政優位の政治構造を創出したのは伊藤である。

そして憲法制定過程で、伊藤は君主専制・天皇親政的な憲法を望む保守派に配慮して、強い君主権（天皇大権）を憲法に書き込むことにした。この点が、戦後、伊藤が国民の権利を軽視する専制政治家として非難された理由である。

だが、大日本帝国憲法を子細に読んでみると、天皇が恣意的に国政に関与する余地がないことが分かる。天皇大権は強力なものとして規定されているものの、帝国議会の協賛がなければ天皇は立法権を行使できないし、国務大臣の輔弼（ほひつ）がなければ行政権を行使できない。形式的には天皇主権だが、天皇の権限は議会や内閣によって実質的に制約されているのである。

憲法の規定によって君主権を制限するという考え方を君主機関説（くんしゅきかんせつ）と呼び、当時のヨーロッパで最先端の憲法理論であった。伊藤はシュタインを通じて君主機関説を学び、帝国憲法に採用した。けれども伊藤は、君主権が制約されるとはっきり述べると保守派の反発を受けると考え、主権は天皇にあり、天皇が大政を委任すると説明した。結果として、見た目には専制的・保守的だが、実際には合理的・開明的な憲法が完成した。

伊藤はチャンスを自ら摑み、能力を貪欲にアピールし、透徹した現実主義と卓越したバランス感覚によって国家権力の頂点に上り詰め、自らの人生を成功に導くだけでなく、「国のかたち」を創り上げた。その生き方には今なお学ぶべき点が多い。

伊藤博文から学ぶ教訓

一、興味のあることはとことん吸収し、
その能力を貪欲にアピール

二、上司と揉めた時は、早めのフォローが肝心

三、改革を進める時は現実主義に立って、
根回しと駆け引きを駆使し、理解を得よ

応仁の乱後を生きた三賢人に学ぶ

大混乱の時代を生き抜く力

令和は、ロシアのウクライナ侵攻に始まり、中国の習近平政権の軍事行動、イスラエル軍によるガザ侵攻など、なにかと戦争絡みのニュースがつきない。果ては〝世界の警察〟としてその良識が信頼されていたアメリカまでも、トランプ大統領の再登板により、帝国主義的野心を見え隠れさせつつある。誰を信頼して、誰に従うべきか、全く見通しがつかないのが今日の国際状況だろう。

国内政治を見回してみても、国民の政治不信は年々高まりを見せ、世論の大多数が支持する政党というものが生まれづらくなっている。実際長らく続いてきた自公政権は昨年の衆院選で少数与党に転落した。一方で野党はというと、これまた支持が分散し、政権交代を実現できるほどの議席を得る政党はない。ポピュリズムとバッシングが蔓延し、民主主義や法の支配といった私たちの社会を成り立たせている根本的な価値観すら揺らいでいる。

国内外を問わず、圧倒的な支持を得て求心力を発揮する国家、政治家、主義というものがなくなり、社会の分断と多極化が進行し、日に日に混沌極まっているのが、今私たちが直面させられている現実である。

無条件に正しいと信じられてきた既存の価値観、秩序が崩壊しつつある現代は、まさに混乱期のスタート地点に立っているといえよう。

日本史上で考えてみると、同様にリーダーの求心力低下による諸勢力の乱立、すなわち多極化現象ゆえに、社会構造が大きく転換した時代があった。それは磐石のはずだった室町幕府が東軍西軍に二分して争った「応仁の乱」である。

この時代の分析は、拙著『応仁の乱—戦国時代を生んだ大乱』（中公新書）にも詳しいが、本書では「日本史上の偉人から生き方の指針を学ぶ」というテーマに則って、この転換期のなかで時代の変化に沿った新しい道を模索し、見事人生の成功を摑んだ３人の英雄を紹介したい。１人は最初の戦国武将とも呼ばれる武将・北条早雲。もう１人は困窮に苦しむ庶民に心の拠りどころを授け、日本最大の宗教団体をつくった浄土真宗本願寺教団の第８世宗主・蓮如。最後に激動の時代でもエンタメの流行を敏感に察知して連歌を盛り上げた日本初の芸能人・宗祇である。

彼らは早々に既存の秩序の崩壊を感じ取り、それに怯えるのではなく、むしろチャンスを見出し、率先して次の一手を繰り出した逞しい偉人たちである。その生き様には、我々がこの転換期をサバイブするためのヒントが多く隠されている。
まずは北条早雲の軌跡から、解説していこう。

先行き不安定な大企業に、いち早く見切りをつけた北条早雲

一般的には北条早雲というと、徒手空拳（としゅくうけん）、裸一貫の「素浪人」から戦国大名に成り上がった風雲児のイメージがある。しかし研究の進展により、現実の北条早雲は、伊勢盛時（いせもりとき）という名の、室町幕府に仕えるエリート官僚だったことが明らかになっている。

早雲の生年に関しても再評価が進んだ。従来は永享（えいきょう）4年（1432）生まれと考えられており、遅咲きの英雄といわれていたが、近年では康正（こうしょう）2年（1456）説がほぼ確実視されている。この新説に従えば、応仁の乱勃発時の早雲は数え年で12歳。終戦時には22歳。当時、早雲は京都にいたと見られており、多感な青春時代を過酷な戦

乱の中で過ごしたといえる。

伊勢盛時は、備中伊勢氏の庶流にあたる伊勢盛定の次男である（兄の貞興は早世している）。備中伊勢氏は、備中国荏原郷（現在の岡山県井原市）に本領を有していた。ただし、足利将軍家の直属の家臣であったため、所領経営は家人に任せ、当主は京都で生活を送っていた。盛定・盛時父子は共に京都生まれの京都育ちである。

盛時の父の盛定は伊勢氏本家の伊勢貞国の娘（貞親の妹）を妻に迎えたことを契機に、本家の有力一族として活動した。伊勢氏本家は代々、室町幕府の政所頭人（長官）として幕府財政を預かる重臣の家であり、特に伊勢貞親は室町幕府8代将軍である足利義政の側近として権勢をふるった。盛定は義兄である貞親の右腕として活躍した。

盛時の姉（北川殿）は駿河の大名である今川義忠に嫁いでいたが、文明8年（1476）に義忠が戦死してしまい、今川家での後継者問題が発生した。義忠と北川殿の嫡男である龍王丸（のちの氏親）はわずか4歳であったため、義忠の従兄弟である小鹿範満が中継ぎとして家督を継いだ。けれども龍王丸の成長後も範満は家督を譲ろうとしなかったため、長享元年（1487）に盛時が京都から駿河に下り範満を討ち、龍王丸を家督につけた。

　この功績により盛時は今川氏から所領を与えられ、今川家臣となった。しかし盛時はこれ以後も室町幕府に籍を残していた。このため盛時の駿河下向も、幕府の指示ないしは許可に基づくものと考えられている。盛時はいわばボロボロ状態の本社・幕府から子会社の今川氏に出向したのである。

　さらに盛時は隣国伊豆を治める堀越公方の足利政知にも仕えていた。ところが堀越公方家で大事件が起きる。足利政知は長男の茶々丸を廃嫡し、茶々丸の異母弟の潤童子を後継者に定めていたが、延徳３年（１４９１）４月に政知は病死してしまう。すると同年７月、茶々丸がクーデターを起こし、潤童子とその生母である円満院を殺害し、実力によって堀越公方家の家督を継承したのであった。

　茶々丸と対立関係にあった今川家は、龍王丸の叔父に当たる盛時を総大将に任命し、今川軍を率いさせた。盛時は明応２年（１４９３）、38歳の時に伊豆に討ち入り、足利茶々丸を攻撃した。この直前に、盛時は出家し、「早雲庵宗瑞」と名乗るようになった。この出家は、幕府からの離脱や堀越公方家との絶縁を意味するものと推定されている。早雲は大組織での安定した暮らしを捨て、第二の人生を歩み始めたのである。

このころ、京都の室町幕府では、新将軍足利義澄(よしずみ)が擁立されたばかりであった。義澄は、茶々丸に殺された円満院の息子・潤童子の同母兄であったから、義澄にとって茶々丸は母と弟の仇である。今川氏・宗瑞は義澄から内々に茶々丸討伐の許可を得ていたと思われる。

宗瑞は伊豆に侵攻したものの、茶々丸を打倒することはできなかった。とはいえ、宗瑞は幕臣だったから、一定の軍事的成果を挙げたことで良しとして、京都に帰還することもできたはずである。けれども宗瑞は幕臣の立場を捨てて、甥の龍王丸の補佐に専念することにした。

なぜ宗瑞は駿河に留まることにしたのか。幕府直臣としてのキャリアに見切りをつけ、新天地・伊豆に活路を見出したからだと思われる。応仁の乱以降の混乱の中で、遠隔地所領の維持が困難になっていた。

先述の通り宗瑞の本領は備中国荏原郷だったが、乱世にあって領主の宗瑞が不在の状況では、周辺勢力の侵略に抗しきれず、宗瑞の荏原郷支配は有名無実のものになっていたと考えられる。既に宗瑞の生活を支えていたのは、幕府から与えられていた荏原郷などの所領ではなく、駿河国で龍王丸から与えられていた所領であった。宗瑞は帰京して将軍や幕府要人への働きかけを通じて荏原郷など従来の所領の回復を図ることよりも、軍事行動による伊豆での勢力拡大に賭けたのである。宗瑞は9代将軍義尚（よしひさ）・10代将軍義稙（よしたね）の側近くに仕えたエリート官僚であったが、そういう肩書は今や意味を失っていることにいち早く気づき、新しい世界に飛び込んだのだ。

　伊豆への侵攻は簡単には進まなかったが、明応4年（1495）にはようやく伊豆中央部への進出を果たし、茶々丸を伊豆大島（おおしま）へと追いやった。そして明応7年（1498）8月、ついに茶々丸を自害に追い込んだのだ。かくして宗瑞は伊豆一国を治める戦国大名になった。

　だが一方で、宗瑞は氏親の叔父として、以後も今川氏の軍事・外交に大きく貢献している。伊豆攻略において宗瑞は今川氏から軍事的援助を受けており、その恩に報いるために今川氏を支え続けた。また新興の戦国大名である宗瑞にとって、名門今川氏の後ろ盾が重要だったという側面もある。

現代風に言えば、宗瑞は戦国大名今川氏という親会社の取締役であると同時に、戦国大名伊勢氏という子会社の社長でもあった。今川氏・伊勢氏は軍事・外交面で共同戦線を張り続けた。宗瑞が今川氏から独立した戦国大名になるのは、伊豆統一から10年ほど経ってからのことである。

伊勢宗瑞は歴史ある巨大組織に安住せず、いわば〝脱サラベンチャー〟した人物である。しかし大胆さだけでなく、完全独立まで15年近くかける慎重さをも兼ね備えていたのである。前述の通り、この大胆さと慎重さの共存は、織田信長（おだのぶなが）、伊藤博文（いとうひろぶみ）など、歴史上の成功者によく見られる特性で、時代の寵児となるには絶対不可欠な要素と言っても過言ではない。

汚職を一掃するために、現場に直接はたらきかける

また宗瑞は、単に戦がうまくて領土を拡大しただけではない。時代の変化、社会の変化に適応した新しい統治システムを発明したところに宗瑞の真の偉大さがある。

永正15年（1518）9月、宗瑞は直轄領の村落に対する公事（年貢以外の雑税）・夫役（労働力の提供を要求する人的な課役）の賦課・徴収方法を改革し、翌10月に諸村落に通達した。

現存する通達文書は伊豆長浜・木負の御百姓中および代官山角・伊東宛の文書一通だけだが、文面を見る限り、直轄領の村落に対して同内容の文書が一斉に出されたことは確実である。

同文書は、「虎の御印判」が捺された初見史料である。一辺7・5センチメートルの正方形の上部に虎がうずくまった印であり、正方形の内部には「禄寿応穏」の印文が刻まれている。このような印判が捺された文書を、歴史学界では「印判状」と呼ぶ。

さて同文書の内容だが、租税の量が定数化されていない公事・夫役を徴発する際に

は、郡代(ぐんだい)・代官が「虎の御印判」を押印した文書に基づいて行う、と規定している。そして少しの公事であっても、虎の印判状がなければ、郡代・代官からの負担命令に応じる必要がないことを通達し、もし郡代らが勝手に公事を賦課(ふか)した場合には伊勢氏（のちの小田原(おだわら)北条氏）に直訴することを認めている。

右のような法令が制定されたのは、郡代・代官が、宗瑞が命令したよりも多くの徴発を行ったり、宗瑞が命令していないにもかかわらず、宗瑞の命令と称して徴発を行ったりするなどして、私腹を肥やす行為が頻発していたからだろう。宗瑞は郡代・代官の不正行為を排除するため、公事や夫役の徴発を郡代・代官任せにせず、自らが村落に宛てて直接、印判状を発給することにしたのである。

従来、伊勢宗瑞の領国では、もっぱら郡代・代官といった宗瑞の家臣が村落に対して文書を発給しており、宗瑞自身が直接文書を発給することはなかった。これは宗瑞に限ったことではなく、これまで大名が村落に直接、文書を出すことは基本的になかった。宗瑞は初めて村落に対して直接向き合った戦国大名であり、その先進性・画期性は明らかである。

大名当主が村落に対して直接、文書を発給することを可能にしたのが、「印判状」という新しい文書様式である。それまで大名当主が出せる下達文書は「判物」と呼ばれるものだけだった。判物とは、秘書である祐筆が執筆した文書に本人が花押（直筆のサイン）を据えた文書のことである。

　大名本人が一枚一枚に花押を据えなければいけない判物は、大量発給には不向きである。また家臣、すなわち武士宛てに出していた判物を村落の百姓宛てに用いるのは、身分差を考えると問題があった。そこで宗瑞は、自らが村落に直接宛てて発給するための文書様式として、印判状を創出した。この文書様式はその利便性ゆえに東国の他大名にも普及していく。

　応仁の乱以前、大名たちは京都に集住し、地方にある自分の領地の経営は家臣たちに委任した。大名たちは自領の村落の状況を把握していなかったため、中間搾取が横行した。この弊害を改めたのが宗瑞である。宗瑞は村落の政治的成長という社会状況の変化にいち早く対応することで成功を収めた敏腕改革者だったといえよう。

　応仁の乱という長い戦乱は、室町幕府が成立させた武家社会の根底を揺るがす大事件だった。しかし伊勢宗瑞（北条早雲）はそれに落胆することなく、むしろ旧来のシステムを変革する好機と捉え、チャンスを我が物にした。混乱する時代にこそ最も参考にできる人物である。

生活に追われる民衆でも、実践可能な信仰を提供した蓮如

戦国時代、織田信長や徳川家康を苦しめた一向一揆。その一向一揆の中核であった浄土真宗本願寺も、応仁の乱の荒波のなかで急成長した宗教である。

本願寺をトップとして牽引した蓮如は、自身をカリスマ化し、カルト的な信者を増やすという安易な手段を選ばずに、同宗派の長期的な成長の礎を築いたという凄腕の人物である。彼の軌跡を見ていこう。

現在でこそ、親鸞は浄土真宗の開祖、鎌倉新仏教の代表的宗教者として著名である

が、鎌倉時代においては、親鸞はほぼ無名の存在といってよく、極論すれば法然が多く抱えた弟子の一人という扱いであった。

それでも親鸞の弟子たちは各々浄土真宗の宗派を開いたが、親鸞とその教えを必ずしも絶対視しなかった。親鸞の直系子孫が代々住持（寺の長、住職）を務めた本願寺は、由緒があるにもかかわらず、浄土真宗諸派の中でも弱小な組織であった。

そんな本願寺教団を日本最大の宗教団体に成長させ、先祖である親鸞の名を世間に普及させたのは、もっぱら蓮如の功績である。蓮如は事実上の創業者とすらいえよう。

蓮如は応永22年（１４１５）、本願寺7世の存如の子として生まれた。蓮如の母は存如の母に仕えた召し使いであり、存如の正式な妻ではなかった。

蓮如が6歳のとき、存如が正妻を迎えることになり、蓮如の母は身を引き出奔したという。蓮如は晩年になっても母との別れを回顧しており、蓮如の人格形成、宗教観に大きな影響を与えたと思われる。

康正3年（１４５７）に存如が亡くなると、存如の正妻の子で、弟の応玄との間で後継者争いが勃発するが、叔父の如乗の尽力で本願寺8世の地位を獲得した。

蓮如が積極的な布教活動を開始した長禄・寛正年間（１４５７〜１４６６）には、干ばつや冷害、風水害が相次ぎ、大飢饉が発生した。さらに畿内では、有力大名の畠山氏の内部で家督争いが発生し、畠山政長と義就が合戦を繰り広げていた。この飢饉と戦乱によって荒廃した村落から飢民・難民が京都に押し寄せた。

人々は地獄のような現世に絶望していた。生存の危機状況がみなぎるなかで、罪の軽重、身分の上下、修行の有無にかかわらず、阿弥陀如来を信じる全ての者に対し極楽往生という来世での救済を約束する蓮如の教えは、彼らの心に強く響いた。

特に注目されるのは、困窮する庶民でもすぐに実践でき、わかりやすい信仰方法を独自に取り入れていたことである。それを端的に表すのは蓮如が広めた「十字名号」であろう。十字名号とは「帰命尽十方無碍光如来」と書かれた紙のことである。「尽十方無碍光如来」とは阿弥陀如来のことで、阿弥陀如来への絶対的な信仰を表明するものである。要するに「南無阿弥陀仏」と同じ意味である。

蓮如は門徒たちに十字名号を本尊として与え、これを掛け軸などにして道場に掲げさせた。当時、裕福な者は寺社を創建し、高価な仏像・絵像を本尊として礼拝していたが、貧しい者には不可能だった。そこで蓮如は、誰でも入手して拝むことができる十字名号を大量に作製したのである。阿弥陀如来はすべての人を救済するという親鸞の教えを、蓮如は十字名号の配布を通じて具体的に示したのだ。

そして布教の拡大に貢献した、もう一つの手段が「御文」「御文章」と呼ばれるものである。蓮如は参詣してきた門徒に対し、教義を手紙に似た形式でわかりやすく説いた仮名交じりの文章を与えた。簡潔明瞭な「御文」による布教は他宗派にない画期的なもので、堅苦しい教義を庶民にも理解しやすいものに作り替えた。それが功を奏して、爆発的な門徒の獲得につながる。

ちなみに御文、御文章を積極的に使用し始めたのは、文明3年(1471)4月に蓮如が越前国の北端にある吉崎へ移り坊舎を建ててからのことである。その前には近江を布教活動の本拠地にしていたが、本願寺の影響力が拡大するに従い、同地の名門・比叡山延暦寺との諍いが頻発するようになる。時に延暦寺側による襲撃、破壊活動が起こるなど、迫害にも遭うようになり、両者は蓮如の隠居を条件に和睦する。自身が近江に居続けることで再度争いが起こりかねないと考えた蓮如は、応仁の乱の真っ最中であるにもかかわらず、新天地の吉崎に移り、自らが理想とする教団の建設に乗り出した。蓮如57歳の時である。畿内の門徒の統括は、息子の順如が行うことになった。

しかし、なぜ蓮如は吉崎を新たな聖地に選んだのだろうか。吉崎は、興福寺領河口荘細呂宜郷の吉久名にある。ここは本願寺と関係の深い興福寺大乗院門跡の経覚（拙著『応仁の乱』を参照）の所領であった。また本願寺末寺の和田本覚寺が現地で影響力を持っていた。経覚や和田本覚寺の支援を受けられるという成算があって、蓮如は吉崎にやってきたのであろう。

さらには、越前国の実力者で最初の戦国大名ともいわれる朝倉孝景との関係改善も背景にあったと考えられる。応仁の乱において将軍足利義政は細川勝元ら東軍を支持し、山名宗全らの西軍と敵対していた。

蓮如は義政側近の日野勝光（義政の正室・日野富子の兄）と親しかったため、本願寺は東軍方であった。経覚とも懇意な朝倉孝景は西軍方だったが、文明3年（1471）2月ごろには朝倉孝景寝返りの噂が広がっていた（『大乗院寺社雑事記』）。蓮如の吉崎下向はこうした情勢変化を踏まえたものと思われる。

7月に吉崎に坊舎が建つと、加賀・越前・越中の門徒たちが集まり、家屋が100~200軒も建設された。さらに中央には馬場大路を通して、北大門・南大門が建てられ、寺内町が形成された。

自身をカリスマ化せずに、大勢を組織した統率力

ところで、蓮如が導いた浄土真宗本願寺教団の特徴について触れておくと、親鸞の教えの核心「絶対他力」を忠実に守ることを徹底した教団だった。

極楽往生のために自ら修行や作善（写経や造仏・造塔などの宗教的善行）を行うことを「自力」、対して阿弥陀如来が差し伸べてくれる救いの力のみで極楽往生することを「他力」と呼ぶ。

浄土真宗というと、念仏を唱えて極楽浄土に往生するというイメージがあるが、親

鸞の教えは実は異なる。確かに「南無阿弥陀仏」と念仏を唱えることは、経典を書写したり、読誦したりするよりも簡便で、誰にでもできる。けれども、日々念仏を唱えることも、面倒で手間がかかることには変わらない。そんな努力の伴う念仏は、「自力」の一種であると親鸞は語る（自力念仏）。

一方、阿弥陀如来の全ての人を救済するという誓願（本願）を信じて、極楽往生することを「他力本願」という。救済は阿弥陀の力だけで実現するので、一切の「自力」は不要である、というのが親鸞のスタンスだ。

阿弥陀如来を信じるだけで極楽往生できる、何の努力も必要ないという親鸞・蓮如の教えは、戦乱と飢饉によって宗教的善行を積む余裕のない民衆にとって、まことにありがたいものであった。

ただし、親鸞の絶対他力の教えには1つ問題があった。信者の中に、既に極楽往生が決定しているのだからと開き直り、率先して悪事を働く者が現れかねないことである。実際、悪を犯しても往生浄土の妨げにはならないという考えはあり、これを造悪無碍という。

むろんこれは、親鸞の教えを歪めた異端的な教えである。だが親鸞自身が煩悩を抑制し善行を積まずとも往生できると説いている以上、造悪無碍のような発想が出てくるのは必然だった。

たとえ造悪無碍のような極端な考えに陥らなくても、「そのままの生き方でよい」とする教えは、「では何をして生きればいいのか」ということがわかりにくく、不安が残るものであることは間違いない。さらにこの教えを徹底的に実践すると、究極的には本願寺に集まり、教えを乞う意味がなくなる。教団の存在意義が揺らぐのだ。

蓮如はこの難題を「報謝行（ほうしゃぎょう）」という教えによって解決した。それは極楽往生するために唱える念仏は意味をなさないが、極楽往生させてくれる阿弥陀如来の恩に感謝するために唱える念仏であればむしろ率先して行うべきだ、というものだ。すなわち「報謝の念仏」である。

救済を求めて善行を積むことは「自力」であるから蓮如は否定したが、阿弥陀への報恩のために善行を積むことはむしろ推奨した。また念仏以外にも、蓮如の「御文」を読誦する、阿弥陀本尊を礼拝する、といった宗教的行為もその善行に含まれた。

さらに重要なのは、門徒たちが本願寺に対して汗水たらして種々の奉仕をすることも「報謝行」とみなされたことである。これと並行して、蓮如は教団内の年中行事を整備した。年に一度の報恩講（親鸞聖人の祥月命日である11月28日前後に勤める法要）、毎月28日の親鸞忌、毎月18日の存如忌（蓮如の父の命日の法要）などの行事が本願寺や傘下の地方寺院・道場などで営まれ、それらに出仕することが「報謝行」として位置づけられていった。こうして蓮如は本願寺内、門徒内の結束力を強めることができ、結果的に求心力も高まった。

本願寺は他の寺院と異なり、中世では唯一といってよい世襲の寺である。門徒たちは蓮如の先祖である親鸞聖人をともに供養し、蓮如の父親である存如を共に供養する。本願寺教団は疑似的な大家族集団の様相を呈しており、宗祖親鸞を他の善知識（高僧）から超越した絶対的な存在として仰ぐ集権的な組織となった。

また本願寺は、修行を積んだ善知識をありがたがる傾向の他宗とは異なり、門徒はすべて親鸞の弟子であり、蓮如も含め全員が平等であるという考え方を持っていた。それも家族的な結束を生むことに寄与した。

当時、一宗を束ねる本山のような中核寺院を持つ宗派は珍しく、本願寺を頂点に地方寺院・道場を系列化した蓮如教団は斬新で先駆的だった。

蓮如は自身をカリスマ化せず、門徒とも対等に接する一方で、教団のヒエラルキーを構築した。「従業員は家族」的な大家族主義に基づく組織づくりの天才といえよう。

「聖戦」に躍起になる門徒を止められなかった蓮如の失敗

蓮如の北陸での伝道活動が勢いを増すにつれて、同じ浄土真宗で北陸に基盤を持つ高田派（たかだは）との対立は深刻になった。高田専修寺（せんしゅうじ）の真慧（しんね）は、自分こそが親鸞の教えを正統に継承していると主張し、『顕正流義鈔（けんしょうりゅうぎしょう）』という本を書いている。そこでは「蓮如は、心をこめて念仏を称えなくてもよいと言っている」と非難している。

蓮如によれば、高田派は本願寺門徒に暴力をふるうこともあったという。もっとも、これは〝お互い様〟の側面があったと思われる。さらに高田派が加賀守護の富樫幸千代に本願寺門徒の横暴を訴えたため、本願寺門徒は高田派のみならず守護勢力をも敵に回すことになった。

蓮如の教えはあくまで来世での救済に焦点を当てており、現世においては世俗の政治権力との協調を説くものであった。しかしながら極楽往生を約束された門徒たちは怖いものなしである。本願寺教団が巨大化するにつれ、門徒たちが世俗権力を侮るようになっていった。蓮如は御文で「守護・地頭に反抗してはならない」と説いて、門徒を抑制しようとした。

だが当時は応仁の乱の真っ最中であり、本願寺教団が戦乱の局外に身を置くことは不可能だった。加賀では西軍派の守護富樫幸千代と、東軍派の前守護富樫政親が争っており、前者が優勢であった。

これまで述べてきたように、本願寺は東軍派であり、しかも高田派と対立していた。本願寺と富樫政親の結託も噂され、蓮如の非戦の意思にもかかわらず、西軍派の富樫幸千代は、蓮如のいる越前国吉崎への攻撃を計画していた。

事ここに至っては、蓮如も自衛のために戦いを決意せざるを得なかった。文明5年（1473）10月、蓮如は守護勢力との対決を宣言した。翌年7月、富樫政親・本願寺派と富樫幸千代・高田派の両者はついに衝突し、加賀一国を揺るがす内戦に発展した。

蓮如の教えによれば、一般論としては、門徒たちのような「百姓分」の身分の者たちが、「守護・地頭」といった大名・武家領主に反逆することは「謀反」であって、許されないことである。けれども門徒たちが年貢をきちんと納めているにもかかわらず、支配者が門徒たちの「念仏修行」を罪と決めつけて処罰しようとする場合、「謀反」は正当である。

要するに蓮如は、政治権力による宗教弾圧に対しては抵抗してもよいと説いたのだ。「仏法」を守るための戦い、「仏敵」を倒すための戦いは蓮如の教えでは容認されるのである。

さらに蓮如は、東軍を支持する将軍足利義政から富樫幸千代討伐の許可を獲得した。これによって、富樫政親・本願寺の幸千代討伐は、加賀の秩序を回復するための正当な軍事行動として幕府から公認された。

とはいえ、蓮如は積極的に〝聖戦〟を遂行したのではなく、武家の政治抗争に巻き込まれたことは彼にとって不本意であった。蓮如は、百姓が守護に逆らうのは前代未聞だと嘆き、合戦は望んでいなかったと御文で語っている。蓮如は守護との戦いは今回限りと念を押し、今後はあってはならないと説いた。

文明6年（1474）、本願寺門徒の支援を受けた富樫政親は、幸千代に勝利し、これを加賀から追い払った。だが、それによって政親の守護支配が確立したとはいえない。政親の勝利に貢献した本願寺門徒たちは自信を深め、世俗の権威・秩序を尊重せよと訴える蓮如の意思に反して、守護権力を軽んじるようになっていく。一部門徒は年貢を納めないなどの横暴な行為に及ぶようになり、協力関係にあった富樫政親は一向宗（いっこうしゅう）への警戒を強めた。

翌7年3月、ついに一向一揆と守護勢力との間で軍事衝突が起こり、門徒の敗北に終わる。蓮如は4月28日付の「御文」で、一揆を起こした坊主・門徒を非難した。

文明7年7月には、蓮如は坊主・門徒に対し、年貢をきちんと納めるように説き、一揆を起こして守護・地頭に敵対することを禁じた。

しかし、蓮如の必死の説得も虚しく、門徒たちによる一向一揆は拡大していった。本願寺側の記録によれば、蓮如の側近である下間蓮崇（しもつまれんそう）が蓮如の非戦の意思に反し、門徒を富樫政親との戦いに扇動していたという（『天正三年記（てんしょうさんねんき）』）。

蓮如は自分が留まっていては、一向一揆の勢いが増すばかりであると考え、吉崎を脱出した。一揆を支持していないという蓮如の姿勢を明確に示すものである。本願寺の記録によれば、近江国大津（おおつ）にいた順如（蓮如の息子、107ページを参照）が、蓮如の権威を借りた下間蓮崇の専横を知り、蓮如を吉崎から脱出させたという（『光闡（こうせん）百首（ひゃくしゅ）』）。こうして蓮如は吉崎を去り、河内国出口（かわちこくでぐち）に移った。

蓮如が目指したのは、来世での救済を希求する信仰集団であった。けれども、本願寺教団は発展するにつれて、好むと好まざるにかかわらず、政治的・社会的影響力を増大させていった。門徒たちが俗世での利益を求めて政治に関与していくのは不可避の事態だったろう。加賀の門徒たちの暴走を止められなかったことは、蓮如にとって〝敗北〟とすらいえた。

だが、蓮如はこの〝挫折〟を乗り越え、畿内において本願寺教団の更なる発展に邁（まい）

進する。

蓮如は文明10年（１４７８）には山城国山科に移り、坊舎の造営に着手した。この年、蓮如は64歳であった。

潔く引退し、後継者を立てることで組織の安定を計る

いつの時代も、一代で大事業を成し遂げた人物の最後の課題は、後継者問題である。日本史上最大の教団を築いた蓮如は、この問題にいかに取り組んだのだろうか。

応仁の乱の終結は文明９年（１４７７）11月、蓮如が山科に移ったのは翌10年正月である。乱の終結からわずか２か月後に蓮如は山科に移住しており、混乱の収束を見計らっていたのは明らかである。

文明10年時点で64歳だった蓮如は、山科本願寺建立を自らの宗教者人生の集大成、

生涯最後の大事業と位置づけていただろう。文明12年（1480）11月には、日野富子（足利義政の正室、107ページを参照）が山科本願寺を参詣しており、本願寺教団の威勢が内外に示された。

山科本願寺が建立された時から、過去に本願寺から枝分かれした真宗諸派が、蓮如のもとに「帰参」してきた。多くの真宗寺院が流入した結果、本願寺教団が浄土真宗を代表する宗派へと発展していく。

延徳元年（1489）8月、蓮如は五男の実如に本願寺住持の地位を譲り、大坂に隠居した。隠居の蓮如のもとに住持の実如が訪ねてきた際には、「実如の訪問は親鸞聖人の来臨に等しい」と述べ、息子の実如を目上として遇したという。

蓮如は本願寺住持を「（親鸞）聖人の御代官」と呼び、現住持の実如を本願寺教団の事実上の創始者である自分より上に置いた。これは、自分の死後、実如が求心力を得られるようにするための配慮であろう。

本願寺教団の隆盛は、ひとえに蓮如の人間的魅力によるものである。けれども蓮如は、自身がカリスマ視されることを嫌った。蓮如がカリスマになってしまえば、自身が没した途端に組織が崩壊する恐れがある。蓮如が門徒を「御同朋（ごどうほう）」「御同行（ごどうこう）」と呼び、自身との対等な関係を謳ったのも、阿弥陀如来の前ではすべての念仏者は平等という教義だけが理由ではなく、自身のカリスマ化を避ける意図もあったと思われる。

一方で、蓮如の子孫だけが本願寺のトップである住持を世襲するのは、平等原則と矛盾するようにも映る。しかしながら、親鸞の教義が後世にまで確実に受け渡されていくためには、安定した組織が不可欠であると蓮如は考えたのだろう。

親鸞は偉大な宗教者であったが、組織づくりに興味を示さなかったため、親鸞の弟子たちは独立して思い思いに布教活動を進め、親鸞の教えは正しく伝わらなかった。蓮如が直系子孫を頂点とする強固なヒエラルキーを築いたからこそ、本願寺教団は日本史上最大の宗教集団になったのである。住持の世襲は親鸞の血統の絶対化・神格化を目的とするものではなく、あくまで教団の維持拡大の手段にすぎない。いわば「住持機関説」である（168ページを参照）。

蓮如は隠居する際、「功なり名遂げて、身しりぞくは天の道である」と語り、死ぬまで権力の座にしがみつくような老醜をさらすことはなかった。

明応8年（1499）3月、病を得た蓮如は上洛し、山科本願寺の親鸞影像に暇乞（いとまご）いをした後に亡くなった。85歳の大往生であった。

混乱期のエンタメトレンドに敏感だった日本初タレント・宗祇

本章では、応仁の乱にともなう変革に適応して大成功を収めた人物として、武将から北条早雲、宗教指導者から蓮如を取り上げたが、同様の人物として文化人から宗祇を紹介したい。

宗祇は連歌の大衆化・全国化を推し進めたことで知られる連歌師である。早雲・蓮如に比べると世間的な知名度は低いかもしれないが、宗祇が果たした文化史的意義は大きい。

連歌は、複数の人が1か所に集まって、和歌の上の句（五・七・五）と下の句（七・

七）を分けて交互に詠み続けて、一つの作品に仕上げていくという連作形式の詩である。鎌倉時代から百句を一作品とする百韻の形式が整えられ、南北朝時代を経て室町時代に最盛期を迎えた。連歌師は宗匠（師範）として連歌会の指導役を務めた。

実は応仁の乱以前には、「連歌師」という職業は厳密には存在しなかった。乱前に京都で脚光を浴び、七賢と称された連歌の名手がいたが、彼らは別に本業があった。7人を順に説明すると、宗砌・智蘊・宗伊の3名は幕府や守護に仕える在京武士、池坊専順・心敬・行助は特定の寺院に所属する在京僧侶、能阿弥に至っては将軍に仕える芸能者である。連歌のみで生活できる者は誰一人いなかった。諸国を渡り歩いて連歌会を開く専業の連歌師は、乱後に連歌界の頂点に立った宗祇をもって嚆矢とする。

いや、連歌師だけではない。中世の著名な文化人・芸能者は、武士・公家・僧侶、あるいは彼らをパトロンとしている者たちであった。特定の組織に属することなく、己の芸のみによって生き、世間から高い評価を受けた人物は、宗祇が初めてである。いわば宗祇は〝元祖・芸能人〟、タレント第1号である。

専業の連歌師が活躍できるようになった背景には、応仁の乱による社会構造の大変化があった。室町時代の武士たちの生活については、教科書にほとんど解説がなく、ともすると『男衾三郎絵巻』に描かれたような地方の草深い農村で生活しているイメージに引きずられやすい。

しかし、室町時代には多くの武士が京都で生活していた。奥羽・関東・九州など遠国を除き、守護大名は原則として在京を義務づけられ、領国の統治は守護代に委ねられていた。もちろん守護は一人で在京するわけではなく、通常２００〜３００人ほどの家臣とともに京都生活を送った。

京都に居住していたのは、守護関係者だけではない。幕府の政務機構の職員、将軍直轄軍に属する武士たちは、日常的に将軍の身辺に仕えた。一説によれば、乱以前の時期における京都の人口は10万人程度で、そのうち武家関係の人口は３万〜４万人に達したという。

彼ら在京武士は、公家や京都で最上の禅寺に勤める五山僧と連歌や茶の湯を楽しむなど京都での文化的生活を謳歌し、教養を高めていった。とはいえ、武士が室町文化に与えた影響は、文化的な創造力以上に経済力によるところが大きかった。この時代、武家の財力は公家・寺社を凌駕(りょうが)し、将軍を筆頭とする在京武士たちは京都文化の庇護(ひご)者(しゃ)としてふるまうことができた。

ところが、乱の長期化によって、それぞれの守護領国は、守護本人が現地に下って統治しなければ維持できなくなっていった。公家や禅僧の文化を吸収し、それらをよく理解する守護や武士たちは、乱の終息とともに領国に定住するようになった。この状況に目をつけ、全国巡業を思いついたのが宗祇であった。

地方でのエンタメ需要急増を予見し、ブルーオーシャンを開拓

競争相手が多い既存市場のことを一般にレッドオーシャンという。これに対し、未開拓で競争相手が少ない市場はブルーオーシャンと呼ばれる。レッドオーシャンを避けてブルーオーシャンを目指すべきとはよく説かれるが、その実現はなかなか難しい。

その点で連歌師・宗祇の戦略は実に参考になる。
宗祇は応永28年（１４２１）に生まれた。出生地は近江の湖東地方説が有力だが、他に紀伊説・摂津説など諸説がある。

このことからもうかがえるように、宗祇の前半生については不明な点が多い。おそらく後世に伝えるのを憚られるような低い身分の生まれだったのだろう。

宗祇はいつのころからか京都の相国寺で修行していたと思われ、30歳代になって本格的に連歌を学び始めた。宗祇は当時、京都連歌界の中心にいた宗砌に師事したと伝わっている。宗砌没後は連歌師専順に師事したようで、専順に随行しての連歌会参加の作品も多数現存している。30代から40代半ばの時期には、宗祇は修業稽古のために、たびたび専順に発句を乞うては独吟連歌を行っている。

京都で有力者の連歌会に招かれるようになった宗祇であったが、当時の京都連歌界には心敬・専順・行助・宗伊らの実力者が上におり、宗祇の活躍の余地は限られていた。

そこで宗祇は新天地を求めた。文正元年（１４６６）6月、46歳の時に京都から関東に下ったのである。いわば〝都落ち〟だが、宗祇には期するものがあったのだろう。

7月には駿河の大名である今川義忠（95ページを参照）を訪れ、連歌会を行っている。当時、関東では享徳の乱という戦乱が長く続いていた。関東の武士たちは上洛もままならず、合戦に飽き、娯楽に飢えていた。京都の連歌師である宗祇は行く先々で歓迎された。

文正元年9月末、宗祇は武蔵五十子の陣に下った。五十子の陣は、古河公方足利成氏と対立した上杉一族が築いた恒久的な陣地である。享徳の乱の長期化により、上杉一族の五十子在陣は既に10年近く経過していた。

長期にわたる陣中生活に嫌気がさしていた武士たちにとって、宗祇の来訪は干天の慈雨だったろう。山内上杉氏の当主である上杉顕定の筆頭家老で、上杉方の主力武将である長尾景信は宗祇を招いて連歌会を行っている。

宗祇を歓迎したのは武士だけではなかった。12月には宗祇は武蔵品川の豪商である鈴木長敏（道胤）に招かれ、そのまま越年している。道胤は今でいえばベンチャー企業経営者のような存在と考えられている。経済的に成功した道胤は、人脈・教養などの〝箔〟をつけるために宗祇を招いたのだろう。

翌年5月下旬には京都で応仁の乱が発生し、関東よりも京都の治安の方が悪くなる。するど戦乱を避けて、心敬が道胤を頼って品川に下ってくる。心敬と宗祇はそれぞれ関東各地を渡り歩いたが、しばしば交流もあったようで、宗祇の連歌集『萱草（わすれぐさ）』には心敬の旅宿で詠んだ句が収められている。いずれにせよ、ベテランの心敬より早く、しかも積極的に関東に下った宗祇の先見性は注目される。

宗祇の技量は必ずしもナンバーワンとは言えない。今日でも、連歌作品だけを見れば心敬の方が高く評価されている。しかし全国的な知名度において宗祇は心敬を圧倒した。その理由は、関東下向に端を発する宗祇の全国巡業にあった。実力いかんにかかわらず、トレンドの予見力がいかに大事であるかを痛感させられる事例である。

スポンサー回りをしつつ自身のブランド化に成功

応仁2年（1468）の半ばを過ぎる頃、48歳の宗祇は旅に出た。9月、宗祇は筑波山を訪れた。筑波山は歌枕（和歌にしばしば詠み込まれる特定の名所、旧跡）の土地として有名である。宗祇は紀行文『白河紀行』で「つくば山の見まほしかりし望をもとげ」と記しており、筑波山に登ることは年来の念願であった。また、後年、京都で公卿の三条西実隆に、富士山は筑波山からの眺めが最上であると語っている（『実隆公記』明応五年九月二十八日条）。

10月、やはり歌枕の地である日光の黒髪山（男体山）に登って連歌会を行った。その後、下野の有力武士である宇都宮正綱に招かれて連歌会を行った。そして宇都宮一族の塩谷氏の館を経て、憧れの歌枕の地である白河関へ向かった。塩谷氏から若侍2騎を案内者としてつけてもらった。

白河関にたどり着いた宗祇は感涙し、「兼盛・能因こゝにのぞみて、いかばかりの哀侍りけん」（平兼盛と能因法師はここ白河に来て、どれほどの感慨を抱いただろうか）

と想像して、和歌を詠んだ。

都出し　霞も風も　けふみれば　跡無空（あとなき）の　夢に時雨て

右の宗祇の和歌は、平安時代の歌人である能因法師の次の和歌を踏まえている。

都をば　霞とともに　たちしかど　秋かぜぞふく　しら川のせき

白河関から遥か遠くの都を思う和歌だが、能因法師は実際には白河関を訪れたことはなく、想像で詠んだ和歌である。現地に行かずに歌枕を詠むことは平安時代には珍しくなく、室町時代の連歌もまた同様であった。

この点、現実に歌枕の地を踏んで詠んだ宗祇は人々の注目を集めたであろう。当時の有名な連歌師は京都周辺で活動しており、地方に行く者は少なかったからである。宗祇は地方巡業により、京都連歌師との差別化に成功したのだ。

さらに宗祇は、白河の地を領する有力武士の結城直朝（ゆうきなおとも）邸で連歌会を行っている。もともと白河に赴いたのは、結城直朝の招きに応じたものだった。各地の有力者から経済的支援を得ると同時に歌枕の地をめぐる、まさに一石二鳥である。

加えて宗祇は、文明（ぶんめい）3年（１４７１）、伊豆の三島（みしま）にて東常縁（とうつねより）から『古今和歌集（こきんわかしゅう）』の講釈（こうしゃく）を受けている。東常縁は享徳の乱の鎮圧のために京都から関東に派遣され、各地を転戦した武将であったが、一方で当代随一の和歌の権威でもあった。宗祇は常縁から通常の講義を受けただけでなく、秘伝も授けられ、『古今和歌集』の読みや解釈を完全に習得した。これを「古今伝授」という。かくして宗祇は第一級の文化人というブランドを獲得したのである。

それにしても、古河公方派と上杉派の二派に分かれての戦乱が絶えることもなかった関東において、宗祇が両派の武将から招かれている点は注目される。敵・味方の関係を超えて宗祇という文化人は武人たちに歓迎された。戦乱の世におけるエンタメの需要を的確に把握し、勇気をもって戦場に飛び込んだ宗祇は、まさに変革期においてこそ輝く人材だった。

京都のセレブに〝貧乏ごっこ〟という
レジャーを提供し、評判が急上昇

社会が大きく動く転換期には新しいものがもてはやされる一方で、失われようとする古いものが再評価されることがしばしばある。宗祇はこうしたレトロブームのビジネスチャンスにも貪欲だった。

文明５年（１４７３）３月、応仁の乱の西軍の総大将である山名宗全が死去し、５月には東軍の総大将の細川勝元が没した。応仁の乱の主戦場は地方へと移り、京都では小競り合いが起こる程度で、大きな合戦は行われなくなっていった。

京都での戦乱終息を見て、宗祇は同年６月ごろに京都に戻ってきた。東山（ひがしやま）付近、虚空蔵法輪寺（こくうぞうほうりんじ）付近などを転々とした後、文明８年（１４７６）の４月ごろに、最晩年まで自庵とした種玉庵（しゅぎょくあん）を結んだ。

種玉庵の所在地は、現在の三時知恩寺（さんじちおんじ）という尼門跡寺院（あまもんぜきじいん）に隣接していたと考えられている。この尼寺は、宗祇が生きていた時代には「入江殿（いりえどの）」と呼ばれていた。入江殿は将軍の居所である室町殿（花の御所）のすぐ近くに存在するので、宗祇は京都の超一等地に居を構えていたことになる。

種玉庵は、文字通りの粗末な仮住まいではない。確かに「庵」という言葉は、もともと「粗末な小家」「僧侶や世捨て人の草庵」という意味である。しかし、この時代には、文学的比喩、雅称として住居に「庵」と名付けることが少なくなかった。

この時代の文化人の間では、世俗を離れ深山幽谷に草庵を編む隠者の生活が理想視された。しかし本当に世を捨てては生活が困窮するし、町から遠く離れた場所に住んだら日々の暮らしが不便なことこの上ない。

そこで京都のセレブ層は京都近郊に、人里離れた隠者の草庵を模した山荘を造営した。これを当時、「市中の山居」と呼んだ。彼らは「市中の山居」で酒宴・詩歌・音曲などを楽しむ奢侈的生活を送った。身も蓋もない言い方をすれば、〝金持ちの貧乏ごっこ〟である。

宗祇の種玉庵も、また例外ではない。宗祇と交流のあった公卿の三条西実隆の日記『実隆公記』によれば、しばしば宗祇は種玉庵に多くの公家や上級武士などを招いて盛大な歌会を催している。歌会では酒食も提供されており、草で葺いた貧弱な小家とは考えられない。また、一度に10人以上の客をもてなしている以上、宗祇は一人暮らしではなく、使用人を抱えていたと思われる。

応仁の乱で衰えたとはいえ、依然として京都は日本の政治・経済・文化の中心であった。宗祇は地方で実績を積み、一定の地位と富を築いたが、京都のセレブたちに認められなければ真の意味での文化人とはいえない。

宗祇が京都のど真ん中に種玉庵という立派な邸宅を構えたのは、京都最大の文化サロンを主催するためだった。実際、高い教養を持った公家・上級武士の集う種玉庵は、和歌・連歌文化の発信地となった。室町後期を代表する文化的成果である連歌選集『新撰菟玖波集』編集の大事業も、三条西実隆・宗祇らが同庵で遂行したのである。

また宗祇が東常縁などから、知る人が限られる古典の知識を存分に吸収していたことが、京都での飛躍につながった。応仁の乱による社会不安のなか、古典ブームが到来していたからである。種玉庵は『古今和歌集』『伊勢物語』『源氏物語』などの古典の研究センターとしても機能し、一連歌師にすぎなかった宗祇は古典学者として尊ばれるようになったのだ。

連歌人気を永遠とするために、准勅撰連歌集を編纂した突破力

　自身が文化人として有名になった宗祇が、最後に着手したのは、連歌というジャンル自体のステータスの向上だった。どのような方法を用いたのだろうか。

　先に述べた通り、宗祇は東常縁から古今伝授を受け、古典学者としての名声を得た。東常縁は二条派（にじょうは）の代表的歌人であり、宗祇は二条派の正統を受け継ぐ存在として『古今和歌集』を講釈した。宗祇による歌の講釈は、細かい語句の解釈に終始する従来のそれとは異なり、全体性を重視する斬新なものだったが、宗祇は表面的には二条派の伝統を尊重した。二条派ブランドを利用しつつ、宗祇の独自なアレンジを加えるあたり、したたかで戦略的である。

とはいえ、これだけでは、宗祇ひとりが古典学者として重んじられるだけで、連歌や連歌師のステータスが上がるわけではない。

宗祇は宗砌、専順、心敬らに師事したと考えられているが、宗祇自身が師匠について発言したことはない。宗砌、専順、心敬はこの時代の代表的な連歌師であるが、そもそも連歌師の地位が低かったので、彼らの名前を持ち出しても箔付けにはならないからだろう。

宗祇は連歌のステータスを上げるために、作品を多数発表した。宗祇ほど多くの撰集をまとめた連歌師は後にも先にも存在しない。『萱草』『老葉』『下草』『宇良葉』などの連歌句集を編んでいるが、特に重要なのは文明8年（1476）、56歳の時に撰した『竹林抄』10巻だろう。これは、宗砌、専順、心敬ら連歌七賢の作品を集めたもので、当代一の文化人である一条兼良に序文を書いてもらっている。

このように宗祇は、連歌を一流の芸術として世間に認めさせるために、並々ならぬ努力を払った。しかし右の諸集はいずれも私撰、すなわち宗祇が個人的に編集したものにすぎず、公的な権威づけを持たない。

この難点を克服したのが、明応4年（１４９５）に成立した『新撰菟玖波集』全21巻であった。総句数２０５３に及ぶ連歌集の決定版といえる同書は、周防・長門の大名であった大内政弘によって企画されたが、同書の編集作業は宗祇の草庵である種玉庵で行われた。摂関家の一条冬良（兼良の子）、上級貴族で文化人として著名な三条西実隆を上に戴きつつ、宗祇が実務を主導した。

完成した『新撰菟玖波集』は、後土御門天皇にも献上され、准勅撰と認められた。勅撰とは天皇・上皇の命令で詩文を選び書物を編纂することで、『古今和歌集』から『新続古今和歌集』までの21の勅撰和歌集（二十一代集）が有名である。

永享11年（１４３９）に成立した『新続古今和歌集』以来、何度か勅撰和歌集の企画が持ち上がったが、朝廷・幕府の混乱、財政難もあり、結局実現しなかった。勅撰和歌集が途絶えた中で成立した『新撰菟玖波集』は、勅撰和歌集に準じる作品集として大きな反響を呼んだ。入選句数は七賢である心敬、宗砌、専順、そして宗祇の順に多く、上３人が既に死没しているので、存命人物の中では宗祇がトップである。宗祇は当代最高の連歌師であることがここに公認された。

宗祇は連歌を学ぶための指導書も多く著した。宗祇の連歌学書の特徴として、思想・理論よりも連歌制作のための実践的なテクニックを重視していることが挙げられる。宗祇は連歌の認知を広げ、敷居を下げることで連歌業界全体を底上げした。

ただ宗祇が中心となって編纂した『新撰菟玖波集』が大きな評判になる一方で、自分の句が載らなかった人々からの陰口や非難も多く散見されるようになった。宗祇が依怙贔屓(えこひいき)をしている、公平に選んでいない、というのである。

そうした非難のなかには逆恨みに基づく不当なものだけではなく、的を射ているものもあった。当時の有名な連歌師である桜井基佐(さくらいもとすけ)の句が『新撰菟玖波集』に一句も入集しなかった一方、宗祇と交流のある関東の太田道真(おおたどうしん)(武将、道灌(どうかん)の父)の句が2句、同じく宗祇のパトロンの一人である豪商の鈴木長敏(125ページ)の句が5句もとられている。彼らは関東ではそれなりに知られた文化人ではあったが、プロの基佐より優れた連歌を詠めるはずはなく、宗祇とのコネによって入集したと考えられる。

江戸時代の随筆『にぎはひ草』によると、一句も選ばれなかった桜井基佐は「足なくて　のぼりかねたる　つくば山　和歌の道には達者なれども」という落首(らくしゅ)を残したという。お足、すなわち銭がないため、『新撰菟玖波集』に選ばれなかった、と欲深い宗祇を皮肉っているのである。

明応4年（1495）6月24日、貴族の中原師富（なかはらもろとみ）が撰者の三条西実隆に「姉小路基綱（あねがこうじもとつな）が『句の選定が不公平だ』と言っています」と伝えた。実隆は反論できず、日記に「自分がやったことではない」と弁解を記すのみだった。実隆は選定作業を宗祇に一任していたが、宗祇の選び方に問題があることは認識していたのである。

ただ、宗祇を擁護すると、安定した収入が得られ、趣味として和歌・連歌を詠んでいる上級貴族の三条西実隆と異なり（もっとも趣味に金を使いすぎる実隆の家計は厳しく、宗祇からしばしば経済援助を受けている）、宗祇は和歌・連歌を他人に教えることで生計を立てており、他に収入を得る道を持たなかった。入集希望者の句を選んで謝礼をもらうことも、宗祇にとっては連歌師の仕事の延長であった。

この時代には、便宜を図った幕府の官吏（かんり）に「礼銭（れいせん）」（謝礼）を支払うことすら慣習化しており、賄賂（わいろ）と正当な報酬の線引きは自明ではない。まして、応仁の乱以降の明日をも知れぬ動乱の時代で、宗祇が蓄財を強く意識したことは責められないだろう。

宗祇と共に選定作業に携わった連歌師の兼載は、依怙贔屓との世評を気に病み、宗祇に対して、「撰者である我々の句を一句も入れなければ、批判も収まるのではないか」と提案した。これに対して宗祇は、「兼載と私の句を入れなければ、『新撰菟玖波集』の面白みがなくなってしまう」と一蹴したという（『兼載雑集』）。

多少の依怙贔屓はあるにせよ、『新撰菟玖波集』の全体的な質の高さについて、宗祇は絶対的な自信を持っていた。何より、我こそが当代一の連歌師であると自負していた。世間の噂を気にして、自分の句を外すような小細工に走り、『新撰菟玖波集』の完成度を落とすことは、宗祇にとってありえない選択だった。

どんな傑作、優れた仕事にもなにがしかの欠点はあり、ケチをつけようと思えばいくらでもできる。外野の無責任な批判に過剰反応し、短所をなくそうと修正してしまうと、かえって長所が失われてしまう恐れがある。他人の批判を恐れず、自分の信念を貫くことの大切さを、宗祇は今の我々にも教えてくれている。

三賢人から学ぶ教訓

北条早雲

一、落ち目の大企業でも、使えるものは使ってから、慎重に退社せよ

二、汚職や腐敗をなくすには、トップが現場に眼を向けよ

蓮如

一、「誰でも実践できる」が、最強の拡散力

二、自身のカリスマ化を避け、
後任者の評判を上げてから退くことで組織を永続化せよ

宗祇

一、混乱期に生まれる新たなブルーオーシャンを見逃すな

二、採算性と芸術性の両立を意識してこそ、
エンタメの一大ジャンルは生まれる

〝憲法改正嫌い〟の伝統を持つ日本政治

1000年にわたって〝憲法改正〟をしてこなかった日本人

忘れがちだが、自民党は憲法九条の改正を目標に掲げて結党された。しかし戦後の自民党政治は憲法改正を事実上棚上げし、「解釈改憲」を行うことによって安全保障政策を進めてきた。この点に対しては保守派からもリベラル派からも批判が多い。

しかしながら、現在の自公政権の姿勢を正当化するつもりはないが、日本は伝統的にこの種の「解釈改憲」でごまかしてきたことも、また事実である。

長く戦乱が続いた中国を統一した唐（とう）（618〜907）は、律令（りつりょう）制に基づく高度な統治システムを完成させた。古代日本は、唐にならって律令制を導入し、民衆を強力に支配する律令国家を建設した。

律令とは現代の憲法に相当するような基本法典のことで、律が刑法、令が行政法関連である。日本で律令制定の動きが始まるのは天武（てんむ）天皇の時代で、『日本書紀（にほんしょき）』によれば、天武天皇10年（681）に浄御原令（きよみはらりょう）の編纂（へんさん）が開始され、8年後に施行された。なお律に関しては、まだ体系的法典は整備されておらず、唐の律を準用していたと推定されている。

続いて、有名な大宝律令が制定される。大宝元年（701）に制定され、令はその年に施行、律は翌年に施行された。さらに養老律令が養老2年（718）に制定されたが、大宝律令の小規模な改定に留まったと考えられている。

中国では皇帝の代替わりごとに律令が作り直されたが、日本では養老律令以降、新たな律令は編纂されなかった。中国においては、律令が皇帝の独裁政治の道具であったのに対し、日本では律令が天皇の権力を制約しており、天皇が自由に作り直せなかったからである。しかも律令は明治時代に廃止されるまで朝廷の基本法であり続けた。日本では約1000年にわたって〝憲法改正〟が行われなかったのである。

けれども社会は時代の経過とともに変化していく。8世紀初頭に編纂された律令は、既に8世紀末には機能不全に陥っていた。

朝廷は格と式の制定によって対応した。格は律令を修正する単行法令を集めたもの、式は律・令・格の施行細則集である。律令を現在の憲法にたとえた場合、格は各々の法律、式は政令・省令にあたる。

大元の基本法である律令は改正していないが、１つの格で国家の形を変えてしまった古代の例として、桓武天皇による軍団制廃止を取り上げよう。

古代日本は６６３年の白村江の戦いで唐・新羅連合軍に大敗した。以後、日本は巨大帝国である唐による侵略に備えて、律令国家建設に乗り出した。

対外戦争を前提に成立した律令国家は、極端な軍事国家であった。８世紀前半の時点で律令国家が掌握していた人口は約４００万人と推計されているが、これに対し、兵士として戸籍に登録されている者の総数は約20万人と考えられている。

彼らはローテーションを組んで訓練・警備を行っており、それ以外の期間は耕作などに従事していた。平時において全体が勢揃いすることはない。したがって専業の自衛官と単純に比較はできないが、現在の陸上自衛隊が約15万人であることを考慮すると、律令国家の軍隊は人口に比して桁外れに大規模であったといえるだろう。

当時の日本の国力ではこの巨大軍隊を常時維持することは困難で、遣唐使の頻繁な派遣によって唐との外交関係が安定したこともあって、たびたび軍の戦力の縮小が行われた。一例を挙げれば、天平９年（７３７）に天然痘が大流行して多数の死者が出ると、農村復興・民力休養のために徴兵を一時停止している。この大軍縮によって浮いた予算は、東大寺の大仏造営などに充てられている。

しかし、古代日本の指導者層には、「日本は（朝鮮半島の王朝である）新羅に対し、外交関係において優位であるべき」と考える勢力が存在した。その筆頭が藤原氏である。このため、せっかく軍縮を行っても、その後に揺り戻しが起き、対新羅戦争を想定した軍の拡大が行われることが多かった。

国際情勢の変化もあって、日本は新羅との外交関係を宝亀11年（780）に断絶する。新羅では国王が暗殺されるなど、政治が混乱していた。新羅の側から攻めてくる心配はなく、日本が新羅を屈服させることを諦めた以上、新羅を威嚇・侵略するための巨大軍隊は不要である。こうした背景をもとに桓武天皇は、延暦11年（792）6月7日に、陸奥・出羽・佐渡および大宰管内諸国を除いて全国の軍団を廃止するよう命じた（『類聚三代格』）。

軍団制は『養老令』軍防令という〝憲法〟に規定されていたが、一片の法令で廃止されたのだ。代わりに国ごとに健児が置かれたが、これは警察力にすぎないので、日本は「軍隊のない国家」になった。

ただし桓武天皇は平和主義者だったわけではない。古代日本は、その支配領域の北方に住む東北地方の人々を「蝦夷」と呼んで区別していた。律令国家は蝦夷を服属させることを目指していたので、常に一定の軍事的緊張が存在した。宝亀5年（７７４）に勃発し弘仁2年（８１１）まで断続的に激しい戦闘が行われた蝦夷との争いが特に有名で、歴史学界では「三十八年戦争」などと呼ばれる。延暦11年は、三十八年戦争の真っ最中であり、軍団制廃止は戦力を対蝦夷戦争に集中させる意味を持っていた。

しかしながら桓武天皇は、延暦24年（８０５）には側近の藤原緒嗣による「現在、天下の人民が苦しんでいるのは戦争と平安京造営ですので、これらを停止すれば人民の生活は楽になるでしょう」という建議を受け入れ、蝦夷征討を停止している。その後、嵯峨天皇が弘仁2年に形式的な蝦夷征討を行ったのを機に、三十八年戦争は終結した。

結果から見れば、桓武天皇による軍団制廃止という〝解釈改憲〟が、軍事国家から平和国家への転換につながった。百田尚樹氏の『日本国紀』は平安貴族の〝平和ボケ〟

を批判したが、〝戦争放棄〟によって生まれた経済的余裕が『源氏物語』に代表される華麗な平安文化の土台となっていることは明らかだ。

律令が想定していなかった〝幕府〟の誕生

日本の政治・社会体制の大転換は、武家政権の誕生であろう。しかし、最初の武家政権である鎌倉幕府は、〝憲法〟である律令の改正などを伴わず、いわばなし崩し的に日本社会の中に成立、定着した。違憲と批判されてきた自衛隊が時間を経て国民に認められたことと似ているかもしれない。

鎌倉幕府の成立については歴史学界でも、源頼朝が征夷大将軍に任命された１１９２年とする説、源義経の捜索、逮捕のために守護・地頭を諸国の荘園・公領に置くことを、朝廷に認めさせた文治勅許をきっかけとする１１８５年説など意見が分かれるところである。しかし私の見立てでは、建久2年（１１９１）3月が幕府成立の画期だと思う。この時、頼朝は盗賊や放火犯の逮捕といった、平時の治安維持活動を朝廷から法令によって委任された。

この法令に名前はついていないが、ここでは仮に「海陸盗賊等取り締まり令」と呼んでおく。

従来、頼朝が朝廷から与えられてきた権限は、文治勅許など戦時の特例的・時限的なものが多く、いつ解消されるか分からなかった。平時における頼朝の権限が明文化されたことで、頼朝政権が安定的に存続していくことが公認されたのである。

頼朝は前掲の「海陸盗賊等取り締まり令」という、たった1つの法令の制定を朝廷に申請することで、武家政権を生み出した。

ただ、すぐさま鎌倉幕府が磐石な体制を築けたかというと、そうではない。源頼朝のカリスマ性のみで支えられていた幕府は、とても脆弱で不安定だった。頼朝は義経ら源氏一門の粛清を繰り返し、頼朝死後は有力御家人たちが血で血を洗う内紛を繰り広げた。頼朝の急死によって幕府は瓦解の危機を何度もくぐり抜けている。

一方、治承・寿永の内乱（源平合戦）で一時権威を失っていた朝廷は、後鳥羽院政の開始によって安定化した。鎌倉幕府３代将軍源実朝が後鳥羽上皇に心酔したこともあって、朝幕関係は朝廷優位へと推移していった。実朝は26歳という若さで没するが、もし実朝が長命であったならば、幕府は朝廷の下請けに成り下がったかもしれない。

こうした状況を一変させたのが、１２２１年に勃発した承久の乱である。実朝が暗殺されて幕府が混乱している状況を好機と見た後鳥羽上皇は、幕府の実権を握る北条義時（北条政子の弟）を討つべく挙兵したが、逆に幕府軍に敗れたのである。

圧勝した幕府は、苛酷な戦後処理を行った。後鳥羽上皇の孫にあたる仲恭天皇（順徳天皇の子）は廃位となり、後鳥羽の兄である守貞親王の子である茂仁への譲位が行われた。後堀河天皇である。

後堀河はまだ10歳なので、守貞親王が後高倉上皇となって院政を開始した。後鳥羽の子孫を即位させないため、幕府が強引に介入したのである。以後、幕府は皇位継承に強く関与するようになる。

後鳥羽上皇は隠岐に、後鳥羽に積極的に協力した順徳上皇は佐渡に配流された。鎌倉幕府の準公式歴史書『吾妻鏡』は両上皇がそれぞれ「遷御」したと記し、あたかも自発的に移ったかのように表現している。だが、公家側の歴史書『六代勝事記』は「(幕府が上皇を)移したてまつる」と表現しており、実質的な流罪である。

後鳥羽上皇は幕府に対して「挙兵は自分の意思ではなく、陰謀を企てた臣下が勝手にやったこと」と釈明したが(『吾妻鏡』承久三年六月十五日条)、幕府は後鳥羽を許さなかった。かくして臣下が上皇を流罪に処すという未曽有の事態が発生した。

また、幕府は後鳥羽院の経済基盤であった400か所にものぼる王家領荘園をすべて没収した。これは「謀反人」に対する処置である。本来、「謀反人」は朝廷や天皇に対する反逆者を意味するが、幕府は朝廷、ひいては日本の最高権力者であった後鳥羽上皇を「謀反人」として裁いたのである。

興味深いのは、幕府が王家領荘園を我が物とするのではなく、没収したうえで後高倉上皇に進上している点である。幕府は、院政や荘園制といった既存の政治・社会体制を否定しなかった。その意味で承久の乱は「革命」ではない。

とはいえ、幕府は既成の体制を肯定しつつも、着実に権益を拡大していった。後高倉に渡した荘園群に関しては、有事には幕府に返すよう約束させている（『武家年代記裏書』）。形の上では王家領荘園だが、潜在的な支配権は幕府に留保されているのであり、幕府の前進は著しい。

御成敗式目も律令を否定しなかった

義時が没すると、息子の北条泰時が後を継ぎ、執権となる。彼の最も著名な事蹟として、日本史上初の武家法典である御成敗式目の制定が挙げられる。いわば朝廷とは異なる武士だけの法体系を作ってしまったわけだが、御成敗式目制定の趣旨については、鎌倉の泰時が、京都にいる弟の重時に送った手紙の写しが残っており、そこに詳しく記されている。

泰時は手紙の中で、御成敗式目は武家のための法律であり、律令など朝廷の法令を否定する意図はないと説明している。朝廷の法令は尊いものだが難解であり、武士や百姓の中で理解できている者は1000人1000人のうち、1人や2人もいない。そこで、彼らも理解できる簡素な法律を制定したのである、と泰時は述べている。

ただし「無教養な武士には難解な律令が理解できないので簡単な式目を作った」という泰時の説明はタテマエである。泰時は重時に送った別の手紙で、「源頼朝様は裁判を行う時に律令を用いなかった」と語っている。

源頼朝の側近には律令に精通した文官の大江広元（おおえのひろもと）がおり、律令が難解だから用いなかったわけではない。そうではなく、律令が武士社会の実態と乖離しており、律令を裁判の基準として適用することが困難だったからである。

律令は中国の法制を模倣したものであり、もともと日本の実情に合わないことが少なからずあった。朝廷は格・式といった時限立法で法文を修正するものの、時代が下るにつれて社会の現実からあまりに縁遠くなってしまった。鎌倉時代には朝廷においてすら律令が空文化していたのであり、まして職業的戦士である武士たちの争いを裁くのには不適当だった。

御成敗式目を制定するにあたって北条泰時が参考にしたのは、頼朝時代以来の幕府における裁判例の蓄積、つまり「先例（せんれい）」と、「道理（どうり）」であった。「道理」とは武士社会の慣習・道徳のことである。

泰時は重時に送った手紙の中で、「道理」とは、家臣が主君に忠義を尽くし、子が親に孝行し、妻が夫に従うといった規範であると説明している。高度に体系化された律令に比べて、いかにも素朴であるが、この実践的な「道理」こそが式目を支える法の精神であった。

いかに単純素朴とはいえ、律令が依然として存在するにもかかわらず、別個の法典が制定されたことの意味は小さくない。泰時は朝廷の反発を恐れ、式目は「武家の人」、すなわち御家人にのみ適用されることを強調しているが、逆に言えば、御家人と御家人との間の争いは式目に則って裁定されるのであり、律令の適用範囲は大幅に縮小した。

式目には、朝廷と異なる法解釈を行っている条文がしばしば見られる。たとえば式目十八条では、父母が子に譲った財産は、子の性別にかかわらず、いつでも取り戻すことができると規定されている。朝廷では、既婚の女子にいったん譲渡した財産は取り戻せないと定められていたので、朝廷の法令を事実上否定した幕府独自の立法といえる。

泰時は律令の規定に少しも手を加えず、律令法の補充法、例外法として式目という新法を制定することによって、実質的に律令を破った。まさに「解釈改憲」である。朝廷の批判を避けつつ律令法から独立した武家法を建てた泰時の手法は、名を捨てて実を取る賢明なものだったといえよう。

鎌倉幕府は貞永(じょうえい)元年(1232)8月10日に御成敗式目五十一ヵ条を制定し、幕府の基本法典とした。だが、言うまでもなく、わずか五十一ヵ条で全ての法的紛争を処理することは不可能である。実際、北条泰時も弟の重時に宛てた手紙の中で、式目で漏れた問題については、後に追加立法すると語っている。

このため、御成敗式目の不備を補うため、あるいは時代を経て新たに生じた事態に対応するために制定された単行法令は、当時「式目追加」と呼ばれた。歴史学界では「追加法(ついかほう)」という。

興味深いことに、こうした立法姿勢は室町幕府にも継承され、室町幕府は式目に代わる基本法典を制定せず、式目や鎌倉幕府の「式目追加」を受け継ぐとともに、随時必要に応じて個別立法を行った。こうした単行法令も前代同様、「式目追加」と呼ばれた。

鎌倉時代と室町時代とでは、武家社会のあり方も大きく異なる。にもかかわらず、式目の改正は行われず、単行法令の追加で対応した。室町幕府法は、貨幣経済の発展に対応した経済関係立法が多いという特徴を持つが、式目本文に対しては一句たりとも修正を加えていない。

武家社会における御成敗式目の権威は大きく、御成敗式目をアップデートした新たな武家の基本法を作ることは困難だった。その問題の抜本的な着手は徳川家康の時代まで持ち越されることになる。

歴代幕府との連続性を強調して、正統性をアピールする江戸幕府

徳川家康は慶長5年（1600）の関ヶ原合戦に勝利し、慶長8年には征夷大将軍に任官し江戸幕府を開いた。慶長10年には将軍職を息子の秀忠に譲り、徳川家が将軍職を世襲することを天下に示した。将軍となった秀忠は江戸城の主となり、駿府城に移った大御所の家康と共同で政務を執る二元政治が誕生した。豊臣秀吉の子である豊臣秀頼が武家政治を行うことはここに否定された。

慶長16年（1611）3月、徳川家康は秀忠を伴い上洛した。家康は京都の二条城において、大坂城から上洛した豊臣秀頼と対面した。秀頼が家康に挨拶することで、徳川家が武家の頂点にいることが確認された。

翌4月、後水尾天皇の即位を祝うために集まった西国の外様大名たちに、家康は三箇条の誓紙を提出させた（翌年には東国大名からも誓紙を取る）。その第一条では、鎌倉幕府初代将軍である源頼朝以来の代々の将軍の法令を尊重し、それと同様に江戸

の将軍秀忠から出される「御目録（法典）」を遵守することを諸大名が誓っている（「御当家令状」）。

江戸幕府は鎌倉幕府・室町幕府という従来の武家政権の法令を引き継ぐことを明言しているのである。ただし、それは理念的・形式的な継承にすぎず、江戸幕府は鎌倉幕府・室町幕府の法令に実質的には拘束されることなく、新たな法令を作っていく。これまた一種の「解釈改憲」である。

慶長20年（1615）5月に大坂夏の陣で豊臣家が滅ぶと、江戸幕府の権威は一層増した。7月7日、京都の伏見城に諸大名が集められ、幕府への忠誠を規定した「武家諸法度」が申し渡された。武家諸法度は1年あまり前から徳川家康の命で儒学者の林羅山と禅僧の金地院崇伝が起草にあたったが、伏見城の秀忠の御前で崇伝が諸大名に読み聞かせる形で布告しており、秀忠による発布であることが明確にされている。

武家諸法度の第三条・第四条は慶長16年の三箇条誓紙の第二条・第三条そのままであり、三箇条誓紙の延長上に理解できる。けれども、武家諸法度は「一、文武弓馬の道、専ら相嗜むべき事」から始まる全13か条で、内容的に大幅に拡充されている。加えて、諸大名が誓う形式をとらず、江戸幕府がすべての大名に一方的に申し渡している。この違いは、豊臣家を滅ぼした幕府の権力拡大を反映していると考えられる。

前月の閏6月には幕府は一国一城令を発している。大名居城以外の領国内の城をことごとく破却するよう命じたもので、発令から数日の間に、合わせて400を超える城郭が破却された。

このように、江戸幕府は鎌倉幕府・室町幕府を遥かに上回る絶対的な権力を持った武家政権であった。にもかかわらず、江戸幕府は鎌倉幕府・室町幕府との連続性を強調した。一例を挙げれば、武家諸法度第二条の「群飲佚遊を制すべき事」は好色・博奕を戒めるものだが、室町幕府の基本法である「建武式目」の条文「群飲佚遊を制せらるべき事」をほぼ踏襲している。道徳的な規範については過去の武家政権のそれを踏襲し、武家政治の長い伝統を踏まえた政権であるというアピールを行ったのだ。

慶長20年7月17日、武家諸法度に続き、禁中並公家諸法度が出される。「天子諸芸能の事、第一御学問なり」で始まるこの法度の第一条は、日本史上初めて天皇の行動を規制したものである。ここに江戸幕府の絶大な権力が示されているが、それでも幕府は朝廷の律令には手をつけなかった。既存の体制・秩序を形式的には尊重し、中味を変えていく日本の伝統に、江戸幕府もまた忠実であったのだ。

明治維新は「古き良き日本を取り戻す」がスローガンの改革

明治維新というと、近代化・西洋化という「改革」のイメージが強い。確かに岩倉具視や大久保利通などの維新の立役者は、西欧と渡り合える日本を志向していた。

しかし実際の維新は、支持を得るために伝統への回帰をアピールし、「古き良き日本に戻す」というタテマエを掲げることで押し進められた。思い返せば、憲法改正という「改革」を目指していた安倍晋三氏も同じく「日本を、取り戻す」という言葉を多用し、一部から熱狂的な支持を受けた。日本人は「新しく生まれ変わろう」というかけ声よりも、「本来の自分たちを取り戻す」といったスローガンのほうに共感しやすいようである。

しかしながら、この二枚舌の姿勢は、ときに守旧派と急進派の意見の対立を生んだ。両者の意見の調整は明治政府が常に抱える悩みの種でもあった。

慶応3年（1867）10月14日、江戸幕府15代将軍徳川慶喜が京都二条城で政権返上を明治天皇に奏上した。大政奉還である。朝廷では天皇親政のための中央統治機関のあり方が議論され、古代律令制の太政官を復活させるという意見が提出された。

12月9日には王政復古の大号令が発せられ、律令の規定にない官職であった摂政・関白を頂点とする従来の朝廷組織を廃止して、新たに天皇親政を支える総裁・議定・参与の三職が置かれた（71ページを参照）。しかしこの三職も元の律令には規定がないため、摂政・関白に取って代わっただけではないかという批判を守旧派から受ける可能性がある。やはり古代から存在する太政官の早期の復活が必要不可欠であった。

江戸城無血開城が行われると（46ページを参照）、慶応4年（1868）閏4月21日、新政府は今後の政治の方向性を示す政体書を公布し、「天下ノ権力総テコレヲ太政官ニ帰ス」と宣言、官制改革を行った。立法を担当する議政官、行政を担当する行政・神祇・会計・軍務・外国の五官、司法を担当する刑法官から成る七官が設けられ、それら総体を太政官と呼んだ。太政官は七官の総称であり、「太政官」という名前の特定の官庁があったわけではない点、注意を要する。これを「政体書官制」という。

政体書官制はアメリカの三権分立を意識した開明的な中央官制であるが、一方で『令義解』『職原抄』などを参照して古代律令制に類似した体裁を整えている。「太政官」という名称の復活はその典型で、復古イメージによって改革への抵抗を押さえ込もうとしたのである。

9月22日に会津藩が降伏して戊辰戦争が事実上終結すると、新政府は改革の議論を加速させる。翌明治2年（1869）6月17日、全国の藩が、所有していた土地（版）と人民（籍）を朝廷に返還した（版籍奉還）。

版籍奉還の断行など急激な改革の進行は、政府内守旧派の反発を招いた。新政府を主導していた岩倉具視は大久保利通らの漸進的改革路線を支持していたが、「害がなければ、なるべく昔ながらのやり方に則るべきだ」と述べ、守旧派の懐柔を図った。岩倉は守旧派と木戸孝允ら急進派（73ページを参照）との間でバランスを保ちながら、リアリスティックに改革を行っていたのだ。

明治2年7月8日、「職員令」制定に伴う官制改正では、民部省・大蔵省・兵部省・刑部省・宮内省・外務省の六省を管轄する官庁として太政官が置かれた。従来諸官の総称であった太政官が中央統治機関の最高官庁の名称となったのである。加えて、太政官と並列する形で神祇官が置かれ、建前上は神祇官が上位とされた（二官六省制）。外務省を除く五省は古代律令制に存在した官庁である。神祇官・太政官の並置、しかも神祇官上位の「祭政一致」も古代律令制の復活を強く印象づける。職員令官制は守旧派に配慮した、極めて復古的色彩の強いものだった。

けれども復古性は外皮にすぎず、職員令官制の実態は三職（左右大臣・大納言・参議）に権力を集中させる中央集権的な政治体制であった。明治維新も形式的には伝統尊重、実質的には改革という、日本史のいつものパターンである。

この維新で整備された明治の太政官制も、終わりの時が来る。きっかけは憲法制定論議である。

明治14年（1881）10月、明治23年の国会開設が発表された（83ページを参照）。

国会を開設するには憲法制定が必須であり、明治15年3月、伊藤博文は憲法調査のため横浜を出港し、欧州に向かう。伊藤は欧州滞在中、さまざまな講義に接した。とりわけ影響を受けたのはウィーン大学教授のローレンツ・フォン・シュタインの講義であった（85ページを参照）。

シュタインは立憲君主制を円滑に運用するには、君主と立法府から行政府が自立していることが重要であるという、いわば「行政国家」論を説いた。これに感銘を受けた伊藤は、明治16年に帰国すると、行政システムの改革を行った。憲法を制定し国会を開設するとなれば、君主たる天皇に対しても立法府たる国会に対しても、行政府の権限と責任を明確にする必要がある。伊藤はそのように考えたのである。

明治18年（１８８５）12月、それまでの太政官に代わって内閣が設置された。太政大臣、左右大臣、参議および各省卿（各省の長官）の役職が廃止され、代わって内閣総理大臣および宮内・外務・内務・大蔵・陸軍・海軍・司法・文部・農商務・逓信の諸大臣が内閣を構成し、宮内大臣は閣外に置かれた。

太政官制においては、大臣・参議・卿の権限関係が複雑で、責任の所在があいまいだった。また大臣には皇族・公家しかなれず、士族出身の薩長の元勲（げんくん）は参議止まりという地位と実力の不均衡も政治的に不都合だった。数年後に開設される議会の攻勢に太政官制では対処できないことは明らかだ。

内閣制度導入によって、公家の三条実美（さんじょうさねとみ）・皇族の有栖川宮熾仁親王（ありすがわのみやたるひと）が大臣の地位を失い、長州の伊藤博文・山縣有朋（やまがたありとも）・井上馨（いのうえかおる）、薩摩の黒田清隆（くろだきよたか）・松方正義（まつかたまさよし）・西郷従道（さいごうつぐみち）らの実力者が入閣した。伊藤がこの時に築いた、行政府の立法府に対する優位という日本の政治体制は、令和の現代にまで引き継がれている。

日本史上初の抜本的な基本法改正も復古の要素が欠かせなかった

内閣制度の創設と並行して、大日本帝国憲法の起草も秘密裏に進められた。伊藤博文は明治19年（1886）秋ごろ、法制官僚の井上毅（いのうえこわし）、政府顧問のヘルマン・ロエスラーとアルベルト・モッセらの協力を得て憲法草案の作成にとりかかった。しかし、天皇大権（87ページを参照）の規定をめぐって伊藤と井上との間で意見対立が生じる。

伊藤およびロェスラーは、大権事項を憲法の条文上に具体的に列挙明示しようとした。しかし井上およびモッセは、天皇が法を超越する存在であるという天皇親政のタテマエを維持するため、天皇大権については抽象的な表現に留めるべきだと考えていた。

むろん井上らも、天皇大権が無制限に行使されることは近代国家においてあり得ない、あってはならないという現実は認識していた。だが井上らは、天皇大権が憲法によって制限される場合（立法権・予算審議権など）にのみ憲法の条文に記せばよいと考えていた。井上は、天皇大権の包括的・網羅的な明文化は天皇の神秘性を損なうことにつながると危惧していたのである。

井上は天皇の統治理念を日本古代の歴史書である『古事記』に求め、「シラス」と概念化した。「シラス」とは『古事記』の国譲り神話に出てくる言葉である。

天上世界である高天原を統治する天照大御神は、地上世界である葦原中国を支配する大国主神のもとに建御雷神を派遣して国譲りを迫る。この時、建御雷神は「汝のうしはける葦原中国は我御子のしらす所」という天照大御神の言葉を大国主神に伝えている。大国主神が支配している葦原中国は、本来、天照大御神の子である天忍穂耳尊によって統治されるべきだというのである。最終的に大国主神は巨大な神殿（出雲大社）と引き替えに国譲りを受け入れた。

井上は右の国譲り神話を、大国主神らの「ウシハク」と天照大御神の「シラス」の対比の構図として読み解いた。すなわち豪族の私的な土地・人民所有に対し、皇祖神とその子孫である歴代天皇の統治は純粋に公的なものであったと捉え、この「シラス」の統治の伝統こそが近代日本においても天皇が統治権を独占することを正当化している、と主張したのである。

『古事記』の国譲り神話からの引用と言うと、いかにも時代錯誤な印象を受けるが、井上は単純な復古主義者ではない。井上の考えでは、近代国家の統治権は純粋に公的なものでなければならず、そのためには天皇は無私の存在であることが不可欠だった。

実際、井上は膨大な皇室財産の設定に反対しているし、天皇大権に基づく支出には議会の予算審議権は及ばないとするロェスラーの憲法草案を批判し議会の権限を守ろうとした。前者に関しては井上の抵抗は失敗に終わったが、後者については、議会の反対によって予算不成立の場合は前年度予算が執行されると憲法に定められ（新規予算の不可）、井上の主張が通っている。

天皇大権に関する規定は、具体化・明文化を主張した伊藤・ロェスラーに軍配が上がった。だが、大日本帝国憲法制定直後、伊藤博文の名で刊行された『大日本帝国憲法義解』は、憲法第一条「大日本帝国ハ万世一系ノ天皇之ヲ統治ス」の「統治」とは「シラス」のことである、と解説している。

「不磨の大典」に挑んだ戦前の解釈改憲

しかしその大日本帝国憲法においても〝解釈改憲〟が行われてしまう。〝解釈改憲〟

の根拠となった憲法論は、美濃部達吉の「天皇機関説」である。

先ほどの説明の通り、伊藤博文ら維新の元勲は、議会の影響力が内閣に及ぶことを極度に警戒していた。この結果、伊藤らが制定した大日本帝国憲法は反議会的なものになった。たとえば、日本が憲法制定の参考にしたプロイセンやベルギーの憲法では、国際条約の締結に議会の承認が必要であると規定されているが、帝国憲法では不要とされている。

当然、議会の多数党が内閣を組織する政党内閣の成立は、帝国憲法においては想定されていなかった。また帝国憲法は「容易にこれを変更せざる不磨の大典」、つまりは非の打ち所がない立派な法典と規定され、改正も困難であった。

しかしながら、いざ帝国議会が成立すると、議会を無視した「超然内閣」は予算が通らず次々と立ち往生した。内閣は民意を背景とした議会と協調せざるを得ず、政党内閣の必要性が次第に認識されていった。

そうしたなか、政党内閣は帝国憲法の精神に反するものではなく、むしろ帝国憲法に適したものであると説いたのが、東京帝国大学法科大学で比較法制史・行政法第一講座を担当していた美濃部達吉である。美濃部は1912年に自説を『憲法講話』として発表し、大きな話題を呼んだ。

よく知られているように、帝国憲法第一条は「大日本帝国ハ万世一系ノ天皇之ヲ統治ス」というものである（167ページを参照）。これだけを読めば、帝国憲法は天皇主権を定めた憲法に見える。天皇は絶対君主であり、その権力は無制限であると解釈できる。

ところが第四条は「天皇ハ国ノ元首ニシテ統治権ヲ総攬シ此ノ憲法ノ条規ニ依リ之ヲ行フ」となっている。天皇が「国の元首」であるなら、国家の方が天皇より上位ということになる。また、天皇が「憲法の条規」によって統治権を行使するのであれば、天皇の統治権は国の最高法規たる憲法によって制約されることになる。つまりは立憲君主である。

美濃部はこの第四条に注目し、主権は法人（法律によって一つの人格を与えられた存在）たる国家にあり（国家法人説）、天皇は「国家の最高機関」として憲法の規定に沿って統治するものであると論じたのである。天皇は国家という主権者が統治を行うために設けたさまざまな「機関」の頂点に位置するが、「機関」であるという点では議会や裁判所と変わらず、超越的な存在ではないのだ。

当時の憲法学の通説は、東京帝国大学法科大学長の穂積八束（ほづみやつか）らが唱えていた天皇主権説であった。美濃部はこの通説に敢然（かんぜん）と挑んだのである。

美濃部は言う。君主が国家の機関である（天皇機関説）と聞くと、不敬に響くかもしれない。けれども、実際は逆である。君主が統治権の主体である（天皇主権説）とすると、統治権は君主自身の利益のために存在する権利ということになる。しかし古来、日本において歴代の天皇は常に国民の幸福のために統治を行ってきた。統治権は君主自身のための権利であるという考え方は、かえって日本の国体に反するのだと。

ただし、天皇を国家の最高機関と定義しただけでは、政党内閣を正当化することはできない。そこで登場した理論が美濃部の「解釈改憲」の本領である。

周知のように、大日本帝国憲法には内閣・総理大臣に関する規定がない。第五五条に「国務各大臣ハ天皇ヲ輔弼（ほひつ）シ其（そ）ノ責ニ任ス」と記されているのみである。

これを字句通りに解釈すると、美濃部達吉の言葉を借りれば、「国務各大臣は各々独立に天皇を輔弼するもので、必ずしも他の大臣と相談をする必要は無く、また総理大臣を経由する必要もない」（『憲法講話』）ということになってしまう。いわゆる国務大臣単独責任説である。これは天皇の権力行使を内閣全体として規制できないことを意味し、同説を採用すると天皇大権があまりに大きくなりすぎる。

美濃部は１８８９年に制定された内閣官制を引いて、右の解釈は「大変な間違い」であると批判する。「内閣は総ての国務大臣が相集って国政のことを議する合議機関であります。法律、勅令、条約、主なる官吏の任免、そのほか、国務に関する主なる事柄は総て内閣の議を経て、総理大臣からこれを陛下に奏請して御裁可を仰ぐのでありますす」と述べ、「閣議」の重要性を指摘している。「総て閣議を経た行為に付ては、総ての内閣大臣が共同に其の責に任じなければならぬ」のである。

けれども「国務各大臣ハ天皇ヲ輔弼シ其ノ責ニ任ス」の「其の責」とはいかなる責任なのか、帝国憲法には明文化されていない。そこで美濃部は欧州諸国の憲法を参照することで、国務大臣の責任を２つに分類した。１つは法律上の責任で、もう１つは政治上の責任である。

一般官吏と異なる国務大臣特有の法律上の責任とは、イギリスなどに見られる国会による大臣弾劾の制度を指す。だが帝国憲法には弾劾制度はない。したがって日本の国務大臣は、政治上の責任のみを負うことになる。

ここで美濃部は「大臣の政治上の責任とは語を換えて言へば大臣の議会に対する責任であります」と断言する。なぜなら議会は大臣に対して質問し批判することができるからである。美濃部は「責任が有ればこそ斯の如く質問することが出来る」と論じている。「日本の憲法の下においては、大臣は議会に対して責任を負う者ではなく、専ら天皇に対し責に任ずる者であると言う人がありますけれども、それは大なる誤りであると信じます」と説く。

国務各大臣は「相共同して内閣を組織して内閣において国務を相談」しなければならないという内閣の一体性論と、国務各大臣は天皇だけでなく議会に対しても責任を負うという見解を組み合わせると、内閣は議会に責任を負うという結論に至る。美濃部は「その自然の結果として内閣は議会の多数を占めて居る政党から組織せらるることになるのは免るべからざる自然の勢であります」と主張し、政党内閣（議院内閣）

を正当化する。

伊藤博文らは帝国憲法を起草していく過程において、議会の多数党が内閣を構成する政党内閣の出現を想定していなかった。したがって、天皇機関説を出発点として政党内閣を正当化する美濃部の議論は〝解釈改憲〟に他ならない。

これに対し、天皇主権説を唱えた穂積八束の弟子である上杉慎吉（うえすぎしんきち）は、美濃部学説を批判した。実際、上杉の憲法解釈の方が制定の趣旨に沿った素直なものである。

しかし１９２０年代から１９３０年代前半にかけては、天皇機関説が国家公認の憲法学説となり、大正デモクラシーを支えることになった。美濃部の〝解釈改憲〟は一旦は成功したのである。

天皇機関説事件にみる〝憲法改正を嫌う〟国民性のもろさ

大正デモクラシーを経て、美濃部達吉の「天皇機関説」は憲法学の通説となり、政党内閣を理論的に支えた。しかし明治末年以来、天皇は「国家の最高機関」であって統治権の主体ではない（統治権の主体は国家である）、とする天皇機関説には、保守派の強い反発があった。

そして五・一五事件以後の軍国主義の流れの中で、天皇機関説排撃の動きが起こる。昭和10年（1935）2月18日、貴族院において陸軍中将の菊池武夫男爵が、天皇機関説は国体を否認するものであると機関説を攻撃、「緩慢なる謀反」とまで非難した。

同25日、貴族院議員である美濃部は貴族院において「一身上の弁明」という演説を行った。美濃部は「謀反人」という菊池の侮辱は貴族院の品位を汚すものだと非難した。また菊池は憲法についてどれほどの知識を持っているのか、自分の著書を本当に読んだのか、「或る他の人から断片的に、私の著書の中の或る片言隻句を示されて、其前後の連絡を顧みず、唯其片言隻句だけを見て、それをあらぬ意味に誤解されて、軽々に是は怪しからぬと感ぜられたのではなかろうか」と挑発した。

その上で天皇機関説の説明を行い、天皇大権は無制限ではないこと、天皇大権を万能とみなす天皇主権説こそが「西洋思想」であると反撃した。菊池は手短に発言を行い、矛を収めた。

しかし、美濃部の反論が新聞各紙に大々的に掲載されると、世論は沸騰し、問題は一層激化した。美濃部が弁明を行った翌々日の2月27日、陸軍少将で衆議院議員の江藤源九郎が、衆議院予算総会において天皇機関説を批判した。さらに江藤は翌28日に美濃部の著作を不敬罪として司法告発した。

司法省は、美濃部の著作『逐条憲法精義』の第三条の詔勅の説明に「天皇の詔勅を非難することは国務大臣の責任を議論するものであって不敬にはあたらない」といった趣旨の文章があるのを問題視し、美濃部に修正を求めた。だが美濃部に拒否されたため、4月9日、出版法違反として同書など三著作を発行禁止処分にした。

また文部省は「国体明徴訓令」を発し、これに基づいて政府は、8月3日と10月15日の2度にわたり、「国体明徴に関する政府声明」（国体明徴声明）を出して「我国に於ける統治権の主体が天皇にましますことは我国体の本義にして帝国臣民の絶対不動の信念なり」と宣言、天皇機関説は国体に反すると断定した。美濃部は9月18日に貴族院議員を辞職した。

天皇機関説事件は、野党政友会や陸軍皇道派による倒閣運動であり、岡田啓介内閣は保身のために美濃部を切り捨てた。天皇機関説は政争の具にされたのであり、その点で美濃部は気の毒だった。

ただし美濃部の〝解釈改憲〟にもともと限界があったことは事実である。大日本帝国憲法の二つの天皇規定のうち、第四条の「天皇ハ国ノ元首ニシテ統治権ヲ総攬シ此ノ憲法ノ条規ニ依リ之ヲ行フ」を重視して立憲主義を唱えたが、第一条の「大日本帝国ハ万世一系ノ天皇之ヲ統治ス」を軽視したことで若干の無理が生じていた。

しかし、総理大臣や内閣の規定がない大日本帝国憲法下で、政党内閣を正当化するには、美濃部流の〝解釈改憲〟以外の方法は難しかった。実際、天皇機関説が排除された後は、政党内閣は二度と復活せず、軍部の力が強まっていった。その末路はあの悲惨な戦争への突入である。

これまで桓武天皇の時代より根本的なルールの改正を嫌い、〝解釈改憲〟で乗り切ろうとしがちな日本人の国民性を解説してきた。この方法は大きな衝突を避けられるという一時的なメリットがある反面、〝解釈〟にすぎないために正当性が弱く、後にその〝解釈〟が塗り替えられてしまう危険性があることは念頭に置いておく必要があるだろう。

憲法と日本社会の教訓

一、日本人は、伝統的に憲法改正を好まない国民性を持つ

二、日本史上では、「古き良き日本を取り戻す」をスローガンに掲げ、新法を制定するパターンが多い

三、「解釈改憲」に頼りすぎると、新たに危険な解釈が生み出される可能性がある

日本人のアイデンティティ **武士道**に潜む弊害

日本人のアイデンティティ〝武士〟の本質は暴力性

日本史の大きな特色として、武士が政治・社会の中心にいた時代が極めて長いという点が挙げられよう。隣りの中国・朝鮮半島においては文官優位の社会が形成されたことと著しい対照をなす。

この事実は現代の日本人にも広く認識されており、私たちのアイデンティティとなっている。日本代表の野球チームが「侍ジャパン」、サッカーチームが「ＳＡＭＵＲＡＩ　ＢＬＵＥ」を名乗っていることは、その象徴といえる。今なお日本は武士の国、侍の国なのである。

しかし、そもそも武士とは何だろうか。天下泰平である江戸時代のサラリーマン的な武士はさておくとして、中世の武士をおおざっぱに定義すると、武芸をもって朝廷に仕える職能人もしくは職能集団、といったところになる。鎌倉幕府が成立すると、多くの武士は幕府に仕えるようになるが、幕府を通じて朝廷に仕えるという形式は以後も長く続いた。戦国時代になっても、朝廷の官位を求める武士は少なくなかったのである。

けれども、右の定義だけでは、武士がなぜ政治的・社会的影響力を持つようになったか、そして武家政権が何百年も続いたかを、説明することはできない。そのため、日本史学界では「武士とは何か」という議論が長年繰り広げられてきた。

ところが、学界で「武士とは何か」を論じる場合、「武士がどこからどう生まれてきたか」という武士発生論、武士成立論に関心が集中しがちである。かつては荘園の中で成長した上層農民が自衛のために武装して武士になった、と考えられていた。

だが現在では、この古典学説は完全に否定されている。一般武士であっても、多くは源平藤橘といった貴族を出自としており、上層農民から武士になった事例は確認されていないからである。上層農民武装説はマルクス主義の階級闘争史観に基づく思い込みにすぎず、実証的には破綻している。

一方で、それに代わる新たな定説が確立したとはいえない。著名な学説は、武士の起源を京都の武官に求める高橋昌明氏のそれであるが、十分な論証はなされておらず、有力な仮説に留まる。

高橋氏によれば、武士は本来、朝廷の武官であり、武具も武芸も京都で育まれた、という。高橋氏は「武士が王と国家の護りであり、その武技が弓箭ことに『弓馬の芸』にあるという点こそ、宋・高麗など同時期の東アジア国家の武力と通底する、日本の武士の本来的な姿である」と主張している。

高橋氏によれば、9世紀になり東アジア（145ページを参照）の軍事緊張が緩和されると、王朝の上流貴族が軍事に直接関わることはなくなったが、それでも平安貴族は馬術や射芸の稽古を行い、兵書を講読したという。武士が戦場で使用する鎧・合せ弓・日本刀なども京都の貴族社会で発生し、地方に伝わった、と氏は指摘している。

高橋氏は言う。騎射（馬を走らせながら矢を射る）という高度な武芸を習得している都の武士こそが、正統な武士であると。それに比べれば、源頼朝の挙兵時に馳せ参じた東国武士たちは騎射術に習熟しない「傍流ないしセミ・プロ」にすぎない、とまで述べる。いわば腕っぷしが強いだけのヤクザ的な集団である。しかし彼らは、ゴロツキであるがゆえに、手段を選ばない野蛮な戦い方で平家に組織された主流・正規の武士を圧倒し、鎌倉幕府を樹立した。悪貨は良貨を駆逐したのである。

刺激的かつ魅力的な仮説だが、この説を認めるとしても、「都の武士こそが正統な武士だ」という主張は、武士発生論に留まり、それ以上の意義を持ち得ない。

高橋氏が説くところの「正統な武士」は所詮〝負け組〟であり、勝ち残って中世社会の主流となったのは「傍流ないしセミ・プロ」の武士だからである。「武士とは何か」を論じる場合に、中世初期に退場してしまった正統な武士だけに光を当てても、武士の本質に迫れない。数百年にわたって幅をきかせた「傍流ないしセミ・プロ」の武士の暴力性にこそ着目すべきなのだ。

一般に武士というと、「武士道」という言葉に代表されるように、規律正しく高潔なイメージがある。だが、発生期の武士は極めて残虐であった。

源頼朝の曽祖父である源義家（よしいえ）は、正四位下（しょうしいのげ）まで昇った、れっきとした貴族である。一方で彼は、たいへん著名な武士であった。貴族の中御門宗忠（なかみかどむねただ）は日記『中右記（ちゅうゆうき）』で、義家を「天下第一の武勇の士」と称賛している。また義家が亡くなった時には、「武威は天下に満ち、誠にこれ大将軍に足る者なり」と悼（いた）んでいる。

一方で、義家の死から1年半後に義家の息子の義親（よしちか）が謀反人として討伐されると、宗忠は「義家朝臣、年来武士の長者として、多く罪なき人を殺すと云々。積悪の余、ついに子孫に及ぶか」と記している。義家が罪なき人を殺戮した報いを、子の義親が受けたという理解である。

義家は貴族社会の一員であったが、他の貴族たちからは「人殺し」として蔑まれていた。ただし、義家が忌み嫌われたのは、単に武士だったからというだけではないらしい。

後世、義家の武勇を褒め称えるさまざまな伝説が語られた。その半面、義家は残虐さゆえに恐れられてもいた。後白河法皇が編纂した歌謡集『梁塵秘抄』には次の今様（平安中期に発生した新しい歌謡）が載せられている。「鷲の住む深山には、なべての鳥は住むものか、同じき源氏と申せども、八幡太郎はおそろしや」。八幡太郎とは源義家の通称である。鷲が住む深山には他の鳥が恐れて住まないように、同じ源氏の武士たちの間でも義家は恐れられているというのである。なお義家の父である頼義の系統を学界では「河内源氏」と呼ぶ。

こうした義家像を形成するきっかけとなったのは、永保3年（1083）に東北地方で始まった後三年の役である。

この戦いで義家は、清原武衡・家衡がたてこもる金沢柵を兵糧攻めにした。金沢柵から脱出しようとした者を、老若男女を問わず、義家は容赦なく殺害した。そうすれば逃げ出す者がいなくなり、城内の兵糧が早く尽きるからである（『康富記』『奥州後三年記』による記述）。

寛治元年（１０８７）11月14日、金沢柵はついに陥落した。城内に入った義家軍は火を放ち、略奪・虐殺の限りを尽くした。

捕らえられた清原武衡は助命を嘆願し、源義光（頼義の三男、義家の弟）も「降伏した者の命を助けるのは、昔からの武士の作法です」と口添えした。しかし義家は「降伏とは、戦場を逃れた者が後で罪を悔いて出頭してくることをいうのだ。武衡は戦場で捕らえられ、情けなくも命乞いをしている」と述べて、武衡を斬首した（『奥州後三年記』）。

また、武衡の郎党で義家の父・頼義を侮辱した千任に対して、義家は残忍な刑を科している。金箸で歯を突き破って舌を引き出して切り取り、その身を木で吊るして、足下に主人である武衡の首を置いた。千任は主人の首を踏まないよう足をかがめていたが、ついに力尽きて武衡の首を踏んでしまったという。変装して逃げようとした家衡も見破られて殺された（『康富記』『奥州後三年記』）。

義家の残忍性は当時の武士の中でも群を抜いていたが、それによって義家の武名は高まったのである。

本来、武門源氏の嫡流は摂津源氏であったが、源義家の活躍によって河内源氏が摂津源氏に代わって武門源氏の嫡流になった。

奥州での凄絶な死闘を経験した義家は「都の武士」としては明らかに異質な存在であったが、その彼が「天下第一の武勇の士」と称賛された事実は重い。血筋や洗練されたスポーツ的な武芸よりも、実戦で敵を圧倒する仮借ない暴力こそが武士にとって不可欠であった。

神国思想とともに広がった「日本すごい論」

　さて日本人が「日本は武士の国だから誇らしい、すごい」という自己認識を持つようになったのは、いつごろだろうか。

　元祖「日本すごい論」は神国思想である。一般に神国思想とは、蒙古襲来を契機に本格的に勃興した思想で、神々に守護された神国日本は不可侵と説いたものとされる。つまり、ナショナリズムの高揚と結びつく形で、日本の他国への優位性を強調する神国思想が普及したというのである。

　これに対し、思想史家の佐藤弘夫氏は、神国思想を説く『神皇正統記』も日本を粟散辺土（仏教が衰えた周縁の国）と位置付けており、中世においては仏教的世界観と神国思想は矛盾しないと論じている。実際、中世日本では僧侶も「神国」を主張している。

　中世的「神国」思想の特徴は、本地垂迹説を背景にしている点である。僧侶も神官も、日本の神々は、如来や菩薩など諸仏が仮の姿をとって人々の前に現れた姿（垂迹）

であるという認識を前提に「神国」と主張しているのである。すなわち、他界＝彼岸の仏が神として垂迹している国だから、日本は「神国」なのだという理解である。このため、日本は「神国」であると同時に「仏国」であるという認識を有していた。

この意味で中世的神国思想は偏狭な自民族中心主義ではなく、むしろ普遍主義に立脚している。仏が神として垂迹したから日本は神国である、日本が神国であるのは、普遍的存在である仏がたまたま神の姿をとったからにすぎないという論理なのである。天竺（インド）や震旦（中国）が神国でないのは、仏が釈迦や孔子の姿をとって現れたからであり、日本に比べて劣っているわけではない。つまり、彼岸＝浄土という普遍世界の至高性を前提にしており、他国に対する日本の絶対的優位を誇示するものではない。事実、中世日本の宗教観では、閻魔・泰山府君などの中国伝来の道教的な神々は日本の神々より上位に位置していたのである。

ところが戦国末期以降、スペイン、ポルトガルのアジア進出により、仏教発祥の地である天竺を中心とする世界像が崩れ、辺土小国という宗教的な自国意識が後退し、劣等感を払拭した自国中心主義的な神国論が台頭した。

江戸時代になると、神が仏より上と説く吉田神道の普及により、愛国主義的な神国論がますます勢いを増した。吉田神道を基盤に吉川神道を創始した吉川惟足は著作『神道大意講談』において、「神の子孫」である日本人が日本古来の道である神道を軽んじ、中国の儒教など他国の思想を崇める風潮を厳しく批判した。

また伊勢神宮の権禰宜で国学者でもあった度会延佳は、『太神宮神道或問』において、儒学者が儒教発祥の地である震旦を、僧侶が仏教発祥の地である天竺を日本よりも尊ぶ風潮を非難している。「天竺よりも震旦よりも我国の尊き事」を踏まえた上で仏教や儒教を学ぶのはよいが、「日本国の道」である神道を最重視することを忘れてはならないという。

こうした自国中心主義的な神国論は時代が下るにつれてますます極端になっていく。江戸中期の神道家である増穂残口は、日本人は神の末裔であると唱えた。そして『有象無象小社探』（１７１６）に「日本に生れたる者第一に知べき事は、三千世界の中に日本程尊き国はなし、人の中に日本人程うるはしきはなし、日本人程かしこき人はなし、日本程ゆたかなる所なしと知べし」と記している。

ここで注目したいのは、江戸時代の神国思想が、日本は「武」の国であるという認識と密接に関わっている点である。吉川惟足は、日本は「武国」であり、神道は「武義」を根本としていると説く。日本は「神国」であると同時に「武国」であり、ゆえに他国よりも尊いという思想が次第に広がっていったのである。

神国思想から続く日本の朝鮮蔑視観

日本は「神国」であり、「武国」であるという自国優越意識は、必然的に周辺諸国を侮る風潮を生んだ。特に朝鮮に対する蔑視観が強まった。

古代から日本は、朝鮮半島の国家を警戒・敵視し、朝鮮の上位に自国を位置づけようとした（145ページを参照）。その象徴が神功皇后説話である。

神功皇后は第14代とされる仲哀天皇の后で、応神天皇の母である。『古事記』『日本書紀』によると、仲哀天皇は新羅を攻めよという神の託宣を無視した結果、病死してしまう。神功皇后は改めて神を祀り、妊娠中であるにもかかわらず、兵を率いて朝鮮半島に渡り、新羅を攻めた。時同じくして津波が新羅を襲い、新羅は「神国」の「神兵」が攻めてきたと戦慄した。このため新羅は戦わずして降伏し、毎年朝貢することを誓った。高句麗・百済も朝貢を誓った。俗にこれを「三韓征伐」という。

神功皇后の三韓征伐は『古事記』『日本書紀』編纂当時の新羅との外交的緊張関係を背景にした神話であり、歴史的事実ではない。けれども神功皇后説話は、中世には朝鮮蔑視をより強めた形で肥大化し、社会に広く浸透していた。実際、鎌倉時代中期・後期に成立したとみられている寺社縁起『八幡愚童訓』甲本では、新羅王が日本国の犬になると誓っている。

豊臣秀吉の朝鮮出兵（文禄・慶長の役）も、こうした朝鮮蔑視観を背景にして実行されたと考えられる。よく知られているように、秀吉は日本を「弓箭きびしき国」、明（中国）を「処女の如き」「長袖国」とみなしていた（『毛利家文書』）。日本は力強い武士の国であり、文官優位の文弱な明に負けるはずがないという認識である。

秀吉の目的は唐入り（中国征服）にあり、朝鮮への侵攻はその手段にすぎない。明の属国である朝鮮は、秀吉にとって眼中にすら入らない。明・朝鮮への過小評価が、無謀な侵略戦争につながったのである。

ところが江戸時代には、朝鮮出兵を称賛する意見が主流だった。兵学者の山鹿素行が記した歴史書『武家事紀』（１６７３年）は、豊臣秀吉の朝鮮出兵は秀吉の逝去により挫折したものの、日本の武勇を外国に知らしめたという点で神功皇后以来の壮挙であると説く。そして、日本の諸将が不和であったために敵の策謀に落ちたが、もし団結していれば朝鮮国どころか明国をも滅ぼしていただろうと論じている（『武家事紀』巻第十四）。こうした主張は、北方ツングース系の狩猟民族である女真族が建てた清国が、１６４４年に巨大な明帝国を滅ぼしたという歴史的事実を背景にしていたと思われる（当時の清の人口は明の１％にも満たなかったといわれる）。

現代人から見ると、文禄・慶長の役という負け戦を何故そこまで賛美するのか、いささか奇異に思える。だが幕府はともかく、民間レベルでは文禄・慶長の役が負け戦という認識は希薄だったように感じられる。

江戸時代には多くの朝鮮征伐記もの（朝鮮軍記物）が執筆されたが、それらは基本的に、日本軍の局地的戦闘での勝利をクローズアップし、戦争全体における敗北には積極的に言及しなかった。こうした朝鮮征伐記ものの影響を受けた『絵本太閤記』も、加藤清正をはじめとする日本軍の奮戦を特筆する。

これらの書物を参考にした講談・浄瑠璃・歌舞伎も同様である。近松門左衛門の浄瑠璃『本朝三国志』（１７１９年に初演）に至っては、加藤正清（加藤清正）が遼東大王（朝鮮国王）を生け捕り、大王が土下座して命乞いをするなど、歴史的事実と懸け離れた場面を創作している（厳密に言うと「男神功皇后」という劇中劇での場面）。

以上のような芸能に接した江戸時代の庶民の間では、文禄・慶長の役が負け戦だったという認識は薄かった。そのことが朝鮮出兵を肯定する意識を生んだと考えられる。

国学の四大人の一人とされる本居宣長は、江戸時代以前の日本外交史をまとめた歴史書『馭戎慨言』を寛政８年（１７９６）に発表している。宣長によると、これまでの日本外交は弱腰すぎるという。天照大御神の子孫である天皇が統治する日本こそが世界の中心であるべきで、中国や朝鮮のような西戎（西方の野蛮国）を服属させなければならないのに、その目的を達成できなかったと慨嘆している。そのような宣長の立場から見ると、朝鮮出兵は「皇大御国のひかりをかがやかし」た偉業ということになる。

尊王攘夷のイデオローグとして知られる吉田松陰は嘉永5年（1852）、友人で長州藩士の来原良三（66ページを参照）に書状を送っている。そこでは以下のような歴史認識を示している。古代の日本は朝鮮半島の国々を服属させていたのに（三韓征伐のこと）、その後の日本は外国に武威を示すことができなかった。ところが豊臣秀吉が文禄・慶長の役を起こして朝鮮を打ち破り、朝鮮を服属させていた昔の秩序を回復する勢いであったが、不幸にも秀吉が亡くなり、「大業」が成就せず、無念である、と（「来原良三に復する書」）。松陰は、嘉永7年にアメリカへの密航に失敗して投獄され、獄中で『幽囚録』を執筆したが、そこでは朝鮮を攻めて日本に服属させるという構想を示している。明らかに秀吉の朝鮮出兵を参照したものだろう。

こうした朝鮮蔑視観の系譜の延長上に、明治の征韓論（第2章を参照）を置くことはたやすい。「日本すごい論」の危険性はここからも読み取れる。

江戸時代は「士農工商」ではなく「兵農工商」

平和な江戸時代に、日本は「武国」であるという認識が広まったという事実は、一見すると不思議に思えるかもしれない。

しかし、江戸時代の日本は、まぎれもなく「武国」であった。

１７１９年、徳川吉宗の将軍職襲職を祝賀するために派遣された朝鮮通信使一行に加わった申維翰は、帰国後、『海游録』と題する日本紀行文を著している。

そのなかで、申維翰は日本には「兵農工商」の「四民」はいるが、「士」すなわち、儒学を修めた読書人官僚はいないと論じた。朱子学者である朝鮮人官僚の眼からみれば、日本の武士は厳密な意味における「士」とはいえないのである。朱子学を国教とし、軍制を含めた国政のすべてにわたって文人＝士大夫の優位を規定している朝鮮の制度と比較すると、日本のそれは、武人＝「兵」が支配階級となっている特異なものであった。

そもそも「士農工商」とは儒教の概念であり、日本の儒学者が近世日本の社会にむりやり当てはめたものである。朱子学（儒学の一派）が幕府公認の「官学」として広く認められるようになったのは、18世紀末の松平定信による寛政異学の禁以降であって、それまでは一部の武士が教養として学んでいたにすぎない。

現実には武士は「士」ではなく「兵」なのである。

また申維翰によれば、近世日本の秩序は朱子学が説く「礼教」（道徳）ではなく、「軍法」によって維持されているという。

このような見方は何も朝鮮の朱子学者に限ったものではなく、日本の朱子学者によってもなされていた。

18世紀中頃の朱子学者・堀景山は、江戸時代の政治体制について次のような批判を加えている。武家は武力によって天下を取ったので、「ひたすら武威を張り輝やかし」て家臣をおどし、力でねじ伏せて従えている。国家を治めるにあたっても「威光」と「格式」に依存している、と（『不尽言』）。つまり堀は、幕府が朱子学を軽視し、「武威」を誇示していることを野蛮な政治として批判しているのである。実際、参勤交代のための大名行列は、百姓や町人たちに「武威」を見せつける軍事的なデモンストレーションであった。

歴史学者の高木昭作（たかぎしょうさく）氏は、この江戸幕府の支配体制を「兵営国家」と規定している。人の移動や活動が自由で身分上昇も可能であった中世社会と異なり、近世社会は武士を頂点とする諸身分を徹底的に管理・統制した。そのような体制を正当化したのは、戦国乱世を徳川の武力によって終わらせたという大義名分であった。つまり幕藩体制とは戦時体制であり、高木氏の言葉を借りれば、「近世においては国土それ自体がひとつの巨大な兵営であったといっても過言ではない」のである。

兵営国家は、武装集団である武士、そして非武装の「農工商」、さらに被差別民である「穢多（えた）・非人（ひにん）」まで含めて、あらゆる身分階層を構成要素とし、このうちでは「何らかの意味で戦争に役立たぬ集団や、それから外れた個人は国土に置かない」体制を築いた。兵営国家は、軍隊組織の編成原理をそのまま社会のそれに拡張したものであったといえよう。

この兵営国家の支配思想が兵学（軍学）だった。これも逆説的だが、兵学が発展したのは戦国時代ではなく、平和な江戸時代においてであった。

近世の兵学は、その代表的な流派が武田信玄の軍法を伝えると称した甲州流と、上杉謙信の軍法を伝えると称した越後流であったことからわかるように、戦国時代の組織戦に勝ち抜くための軍隊統制法と戦術・戦略論を中心的なテーマとしていた。しかし、兵学者たちはそれに留まらず、戦時の軍隊統制法と戦術・戦略論を平時の天下国家を統治する方法に応用しようとした。

そして兵学者たちは、日本は「神国」「武国」であると説き、日本の他国に対する優越性を唱えた。その代表者は、秀吉の朝鮮出兵を偉業と称賛した前掲の山鹿素行である。素行は『中朝事実』（1669）を著し、日本こそが「中朝」、すなわち世界の中心であると主張した。

さらに素行は、日本は天照大神の末裔である天皇家が代々統治してきたがゆえに尊いと説いている（『配所残筆』、1675年）。易姓革命によって皇帝が廃される中国と異なり、皇統が太古の昔より連続しているから日本は尊いという観念は素行のみならず、近世の神国論の核心を成すものである。

江戸時代には兵学者が神道家を兼ねることが多かった。彼らは「神道」と「武道」

の一致を説き、日本が「神国」「武国」であることを誇っていた。

18世紀後半以降、国学の影響を受けて「神国」「武国」論はますます過激になっていった。国学者の平田篤胤（ひらたあつたね）に師事した思想家の佐藤信淵（さとうのぶひろ）は、「皇大御国（日本）」は「世界万国の根本」であるから、「全世界悉く（ことごと）郡県と為す」べきであるという世界制覇の夢想まで語ったのである（『混同秘策（こんどうひさく）』、１８２３年）。こうした空想的、荒唐無稽な「日本すごい論」が、幕末に尊王攘夷運動として現実の政治を動かすに至るのである。

赤穂浪士に見る2つの武士観の衝突

武士には「忠義」のイメージがつきまとう。だが戦国時代においては、大名と家臣との間の主従関係は絶対的なものではなかった。大名家臣、特に大身の家臣は1個の自立した武士であり、主君に器量がないと判断したら、主君から離反し、自らの器量をもって別の大名を新たな主に選んだ。

　しかし江戸幕府が成立し、その治世が長く続き社会が安定化すると、武士たちが主君を見限り、新しい主取りをすることは不可能になった。武士たちは唯一無二の主家に奉公することに己の存在意義を見出すようになる。

　近世中期以降、大名の家の存続が家臣の家の存続とイコールになる。大名の家は大名当主の自由意思によって運営される「家」ではなくなり、家臣たちの家を包摂した運命共同体としての「御家」へと発展する。武士たちが忠義を尽くす対象も主君個人にではなく、「御家」になる。主君と家臣との人格的な主従関係から、主家と家臣の家との制度的な主従関係へと移行するのである。これと並行して、武士たちは独立した所領経営者から、主家から俸禄（給料）を与えられるサラリーマンへと変化する。

　元来は独立経営者であった武士たちを組織の一員として統制するために利用されたのが、兵学者の説く軍法であった。兵学者によれば、大名家の軍隊はそれぞれ機能を異にする諸機関の合理的・計画的な組み合わせによってなる1個の整備された機構でなければならない。そして1個の整備された軍事機構の秩序を維持するものが「軍法」

＝軍律に他ならない。軍法は抜け駆けのような武士個々人の独断的な判断・行動を、組織の統制を乱す私的行為として否定した。主君への忠義よりも自身の意地や誇りを優先する武士本来の気風は、「軍法」によって抑え込まれていった。

むろん、武士たちは完全に牙を抜かれたわけではない。彼らの名誉感情がなお軍隊の精神的支柱となっていたため、幕藩権力は機構として軍隊を運用していこうとする立場を原則としつつも、武士の名誉感情の発露としての独断専行を完全に否定することはできなかった。ゆえに武士たちの暴力性は潜在し続け、時に噴出した。

その典型が赤穂浪士の討ち入りである。討ち入りの時期などをめぐって、浪士たちの間で対立があったことはよく知られている。堀部安兵衛ら「江戸急進派」は早急な討ち入りを主張し、浅野家再興を優先する大石内蔵助は、堀部らの暴走を抑えようとした。

図式的に把握すると、堀部安兵衛の方は気質的に「中世の武士」で、大石内蔵助は「近世の武士」である。元禄14年（1701）8月8日、堀部は大石に手紙を出し、武士はむろんのこと町人まで吉良邸への討ち入りを噂しているのだから、早く決断してほしいと催促した。世間は討ち入りを期待しているのに、このまま動かなかったら、武士としての面目が立たないということであろう。「高田馬場の仇討」で知られる剣客の堀部は、自分の名誉を何よりも重んじていた。

これに対し大石は、浅野内匠頭の弟である大学長広が赤穂藩5万石を相続できるよう工作中であるから自重するように説いた。けれども同年8月19日、堀部ら急進派3名は大石に書状を送り、「たとえ大学様が100万石を賜ったとしても、兄である内匠頭様の仇を討たなければ、武士としての面目は立たない」と反論している（『堀部武庸筆記』）。大学長広の武士としての面目が立たないという主張は要するに、堀部たちの名誉が回復されないということである。ここに、御家への忠義、すなわち組織の一員として和を乱さないことよりも、個人の名誉を優先する中世的な武士のあり方が見てとれる。

結局、御家再興の希望が断たれた赤穂浪士たちは討ち入りを決行し、世間の喝采を浴びた。この事実は、武力の暴発に武士の本質を求める認識が健在であったことを物語る。人々は赤穂浪士の姿に「武士とはかくあるべし」という理想像を垣間見た。

だが所詮、それは時代のあだ花にすぎない。江戸時代の大多数の武士は戦士としての本分を発揮することなく、太平の世の中で平穏無事に一生を終えた。そこに野蛮で残忍な先祖の面影はもはやない。武士たちの本格的な覚醒は、幕末まで待たなければならないのである。

誤解されている『葉隠』の武士道

歴史ファンが武士道という言葉を聞いて、真っ先に思い出す言葉は「武士道と云は死ぬ事と見付たり」という一節であろう。この言葉は『葉隠』という江戸時代の書物に見えるものである。

『葉隠』は、佐賀藩士の田代又左衛門陣基という者が、隠居していた佐賀藩士山本神右衛門常朝のもとを訪れ、その言葉を筆記したものである。常朝に私淑した陣基は、常朝のもとに通ってその談話を筆記し、享保(きょうほう)元年（1716）9月10日に『葉隠』が完成したとされる。

一般にこの言葉は、死を恐れず主君のために働くという意味に解釈され、武士道の核心として理解されてきた。しかし、この一節の後の文章も読むと、「死の哲学」とみなすのは難しい。

山本常朝は、2つの選択肢があった場合、どちらが良い結果を生むかどうかで判断せず、死ぬ確率が高い方を選べと言っている。なぜなら、人間は誰でも生きたいから、なんやかやと理屈をつけて生きられる確率が高い方を選びがちだからである。事が成就せず、むざむざ生き延びれば恥をかくことになる。これに対し、死にやすい方を選べば、仮に事が成らずに犬死にになったとしても、死んだということで一応の格好はつく、というのである。

けれども、常朝の主張は、本来の武士、中世の武士のあり方からはかけ離れている。合戦において選択を迫られた場合、どちらを選べば勝率が高いかで決めるべきであり、死ぬ確率が高い方を選ぶというのはおよそ不合理である。合戦に負けて生き延びるよりは、合戦に負けて死んだ方がまだしも外聞がよいから死に急げ、というのは敗北主義に他ならない。

中世の武士は、戦いに勝ち、生き残ってナンボの存在なので、命を惜しむ。現に源頼朝も足利尊氏も織田信長も、敗走して再起を図っている。簡単にあきらめて死んだりはしない。

ところが平和な江戸時代には、武士が命を懸けて戦う機会がそもそもない。なので武士らしさを発揮しようとしたら、そもそも死を覚悟しなければいけない局面など存在しないにもかかわらず、「死を恐れないぞ」とわざわざ唱え、死を求めていると積極的にアピールしなければならないのである。

実際、常朝も最後にホンネを漏らしている。「武士道と云は死ぬ事と見付たり」で始まる章段を、「常住死身に成て居る時は、武道に自由を得、一生落度なく家職を仕課すべき也」という言葉で結んでいるのだ。常に死ぬ覚悟を決めていれば、失敗することなく人生を全うできるだろう、というのだ。要するに「死ぬ事と見付たり」というのは心構えにすぎず、本当に死ぬ気などさらさらないのである。武士として恥をかくことなく隠居する日まで勤め上げるための処世術を語っているにすぎない。

事実、常朝は佐賀藩2代藩主鍋島光茂の側勤めをしていただけで、危険な仕事をしたことはない。武芸に優れていたわけでも、さしたる功績があったわけでもない。常朝の誇りは、光茂の寵愛を得ていたというだけだが、光茂は女好きで能・歌舞伎・相撲などの遊興を好む暗君であった。光茂の贅沢な暮らしのせいで、佐賀藩は財政危機に陥っている。しかしながら常朝は光茂に諫言することなく、むしろ迎合したようだ。そのことは『葉隠』に、諫言をする際には主君の機嫌を損じないよう、それとなく行えと記していることからも明らかである。

要するに『葉隠』の勇ましさは言葉だけの勇ましさであり、内実が伴っていない。『葉隠』に基づいて武士道を語り、まして日本に誇らしさを感じるのは誤りであろう。

武士に尊ばれた「楠公精神」が暴走の引き金だった

　江戸時代を通じて浸透していった「日本すごい論」は、幕末の黒船来航を契機に、尊王攘夷思想へと発展する。「すごい」日本が外国に膝を屈するなど、あってはならない、というのである。尊王の志士たちが憧れたのは、南北朝時代に後醍醐天皇に仕えた「南朝の忠臣」、楠木正成であった。

　南北朝の動乱を描いた軍記物『太平記』は江戸時代に何度も刊行され、ベストセラーになった。同書では多数の武将が活躍するが、中でも絶大な人気を誇った人物が、優れた軍略を持ち後醍醐天皇に忠誠を尽くしながらも、湊川の戦いで壮絶かつ悲劇的な最期を遂げた楠木正成だった。

　尊王攘夷の志士たちは、南朝正統論を説く水戸学の影響を受けていたので、「南朝の忠臣」楠木正成への崇敬の念が強かった。志士たちの間では「正成をする」という言葉が流行ったという。正成のように天皇への忠義のために死ぬ、という意味であろう。

尊王攘夷運動の中心を担ったのは長州藩であった。長州藩は当初、幕府が行った開国を認める「航海遠略策」を藩論としていた。ところが長州藩士で急進的な尊王攘夷論者であった久坂玄瑞（67ページ）は、幕府に媚びるかのごとき長州藩の態度に不満を持ち、藩や身分の壁を越えた尊王攘夷運動を積極的に展開した。

なお、この時、久坂が尊王攘夷運動のシンボルとして祭り上げたのが、安政の大獄で刑死した師の吉田松陰である（66、194ページ）。現代にまで続く松陰の神格化の火付け役は久坂なのだ。

尊王攘夷熱が高まる中、文久2年（1862）5月、長州藩は航海遠略策を提唱した長井雅楽を謹慎させた（翌年切腹）。7月には航海遠略策を正式に放棄し、孝明天皇の意志を重んじて速やかに攘夷を実行することを決した。

この方針転換に際して、長州藩では侃々諤々の議論が行われた。攘夷の実行は現実的に不可能という慎重論も出たが、成功するかどうかを考えず、やれるところまで攘夷をやってみようではないか、という結論に至った。実はこの時に引き合いに出されたのが、楠公（楠木正成）が敗北必至の湊川の戦いに挑んだ故事であった（『忠正公勤王事績』)。長州藩士はヒロイックで破滅的な「滅びの美学」に酔っていた。

8月、久坂は、孝明天皇の許可なく西洋列強と条約を結んだ幕府を断固非難し、朝廷中心の政治体制を構築すべきと長州藩に上申し、採用された。

藩首脳部は、西洋列強を敵に回すことが可能だと本気で考えていたわけではない。首脳部の一人、周布政之助は「攘夷して後、開国すべき」と唱えていた。ホンネでは開国するしかないと思っていたのである。しかし長州藩は、条約を破棄すべきと説く久坂に引きずられて過激な尊王攘夷路線を突き進む(68ページを参照)。

久坂は弁舌巧みで藩外の志士たちとも広く交流を持った。活動家としては一流だったが、現実的な政策を考えられる人物ではなかった。だが京都政局に疎い藩首脳部は、久坂の情報と人脈に依存せざるを得ない。久坂の過激論に従って暴走する長州藩は、公武合体(朝廷と幕府の協調)を志向する孝明天皇の信任を失い、文久3年(1863)8月には親長州の公家たちが失脚した(八月十八日の政変、43ページを参照)。

長州藩では、久留米脱藩浪士の真木和泉の影響もあり、武力を背景に朝廷に嘆願して名誉回復を目指す進発論が盛んになった。当初、慎重であった久坂だったが、一橋慶喜（45ページを参照）と島津久光（40ページを参照）の対立など政局の混乱を好機と見て、進発論に傾く。

久坂は慎重派の桂小五郎（後の木戸孝允）に宛てた書簡において、「攘夷は成算を考えて行うものではなく、『国体』を立て『大義』を成すために、一点の迷いもなく行うものである」と説いている。できるかどうかではなくやるだけだという主張は、活動家特有の観念論と言わざるを得ない。

元治元年（1864）7月、長州藩復権を目指す久坂らは兵を率いて上洛の途についた。長州軍は八幡で停止し、会議を開いた。天皇のいる京都に攻めかかれば、逆賊の汚名を着せられる恐れが強いので、こちらから仕掛けることは避け、ひとまず大坂に退こうという意見も出たが、「形は尊氏（足利尊氏。後醍醐天皇に対して反旗を翻した逆賊として尊王攘夷の志士たちの間で評判が悪かった）でも、心さえ正成ならよろしかろう」という真木和泉の言葉によって、進発論に決した（『忠正公勤王事績』）。

結局、長州藩は、天皇が住む御所を守護する会津藩・薩摩藩の軍勢と戦い敗れた（禁門の変、43、44ページを参照）。

これまで述べてきたように、本来の武士は、勝つために戦うのであり、負けてもよいから信念を貫いて死ぬ、という価値観を持っていなかった。正成が負けると分かっていて湊川の戦いに赴いたという話も軍記物『太平記』に見えるだけで、本当かどうか疑わしい。だが、尊王攘夷の志士たちは、信念に殉じて死ぬことこそが素晴らしいと考え、正成の故事によって正当化を図った。

この非合理的・狂信的な思想は、敗色濃厚となった太平洋戦争末期に復活する。政府・軍は「楠公精神」を喧伝し、「玉砕(ぎょくさい)」や特攻(とっこう)作戦を推進した。ちなみに沖縄に来攻する連合国軍に対し特攻攻撃を実施した日本海軍の作戦「菊水(きくすい)作戦」は、楠木正成の「菊水」の旗印に由来している。

義経ジンギスカン説は「日本すごい論」

日本は武勇に優れた「武国」であるという「日本すごい論」は、時に突拍子もない珍説さえ生んだ。義経ジンギスカン説である。モンゴル帝国を築いたジンギスカンの正体は、日本を代表する武将・源義経だったというのだ。

この奇説の淵源は室町時代にまで遡る。室町時代の御伽草子に『御曹子島渡』という義経を主人公とした空想的な物語がある。

御曹子（御曹司）、すなわち源義経が、平家討伐のために挙兵する以前の若き日、身を寄せていた奥州の藤原秀衡から、千島の都・喜見城のかねひら大王が持っている兵法の秘伝書「大日の法」の存在を教わり、旅に出る。義経はさまざまな不思議な島々を巡って千島にたどり着き、大王の娘「あさひ天女」と夫婦になり、天女の助けで「大日の法」を盗み出し、無事に日本に帰る。こうして手に入れた「大日の法」により、義経は平家を討ち滅ぼし、源氏の天下が訪れたという。「千島」は架空の島だが、蝦夷地（北海道）などのイメージが投影されたと考えられている。

この『御曹子島渡』は寛文年間（1661〜1673）に出版され、江戸時代の日本人に広く親しまれた。そして、寛文9年（1669）に起こったシャクシャインの乱により、蝦夷地の存在は急速に日本人に意識されるようになっていった。

そうした中、義経が衣川で死なず、蝦夷地に逃れたという伝説（義経入夷説）がささやかれるようになった。林鵞峰や新井白石といった著名な儒学者もこの説に言及しているから、江戸時代には相当普及していたらしい。近松門左衛門も人形浄瑠璃『源義経将基経』（1706）で義経入夷説を採用している。

この義経入夷説が蝦夷地にも伝わり、義経が蝦夷地へ渡ったと信じた蝦夷地の和人（日本人）が、アイヌの人々が語り伝えていた英雄神オキクルミなどの物語を、都合良く義経伝説へ読み替え、蝦夷地に渡った義経をアイヌ民族が崇めているという話を創出した。

さて義経入夷説は、江戸時代中後期には義経が大陸に渡ったという渡満説へと展開していく。この渡満説が一般化したのは、享保2年（1717）刊の加藤謙斎『鎌倉実紀』からといわれる。同書は、『金史別本』という金国（現在の中国東北部に女真族が建てた国）の歴史書を根拠に、義経が蝦夷を経由して満州（現在の中国東北部）に渡って金の将軍になったと主張している。

実は、この『金史別本』は、元和5年（1619）生まれの偽書・偽系図製作者、沢田源内が偽造した本であった。この本が偽書であることは、新井白石ら多くの学者に見破られた。ところが、義経渡満説は消えるどころか、ますます尾ひれがついていくのである。

国学者の森長見は天明7年（1787）刊行の随筆『国学忘貝』で、義経は清国（明国を滅ぼして中国大陸を支配した女真族の王朝、192ページ）の皇帝の先祖であり、清という国号は清和源氏に由来するという説に言及している。

森によれば、清が編纂した百科事典『欽定古今図書集成』1万巻の中に、『図書輯勘』130巻が含まれており、その序を清の皇帝が自ら書いているという。そこには、「朕の姓は源、義経の裔、其の先は清和に出づる、故に清国と号す」と書かれている、と森は紹介している。

だが、『欽定古今図書集成』の中に『図書輯勘』という書物はなく、したがって皇帝による序などあるはずがなかった。森自身が捏造したのか、そういう虚説を森が聞いたのかは不明であるが、義経の子孫が中国を支配しているという説を森が痛快と思ったことは間違いないだろう。まさに「日本すごい論」である。

『図書輯勘』が実在しないことも学者たちによって検証されたが、義経が清の王家の先祖であるという説は以後も語り続けられた。

　このような義経入夷説・義経渡満説の流行の背景には、ロシアの千島列島南下の動きがあった。江戸幕府が蝦夷地防衛のために蝦夷地調査を進め、人々の蝦夷地への関心が高まっていたのだ。ナショナリズム的な意識が高揚する中、蝦夷地、さらには大陸に打って出る英雄義経というイメージが浸透していった。

　そして、義経渡満説の延長上に生まれたのが、義経ジンギスカン説である。義経ジンギスカン説は幕末の書物にも見えるが、本格化したのは明治（めいじ）以降である。明治18年（1885）に内田弥八（うちだやはち）訳述による『義経再興記（よしつねさいこうき）』が出版され、大きな話題を呼んだ。これはイギリスで書かれた義経＝ジンギスカン説の論文を日本語訳したものである。

　しかし、この英語論文はイギリス人によって書かれたものではなく、実は当時外交官だった末松謙澄がロンドン滞在中に匿名で書いたものであった。
内容は荒唐無稽で、「ジンギスカン」は源義経の音読み「ゲンギケイ」がなまったものだとか、ジンギスカンの父の名前とされる「エゾカイ」は義経が渡った「蝦夷海」のことだとか、こじつけだらけである。

このような噴飯ものの本が流行した背景には、日本がすごい国だと思いたい人々の願望もあっただろう。明治日本が官民挙げて富国強兵、海外雄飛を目指す中、日本人の義経が大陸に渡って武力で帝国を築いたという説は耳に心地良いものであった。

大正時代になると、義経ジンギスカン説にとりつかれた人物が現れる。男の名を小谷部全一郎と言う。

小谷部は出羽国久保田藩（秋田藩）御用菓子の商家に生まれたが、祖父はもともと武士だったという。小谷部は幼い頃に母親を失い、父親とは折り合いが悪く、不遇な少年時代を送った。その時期に愛読したのが『義経再興記』であった。

家出をした小谷部は北海道に渡り、放浪の末にアイヌ民族の集落で世話になった。その後、アメリカに渡り、苦学の末にイェール大学神学校に進学した。帰国後はアイヌ教育に尽力したが、その事業が軌道に乗ると、義経ジンギスカン説の証明に、自身の後半生を賭けることにした。

　小谷部は義経ジンギスカン説の実地調査のため、陸軍通訳官に任官してシベリア出兵に従軍し、許可を得て満州・シベリアの古跡・口碑（こうひ）を精力的に調査した。そして大正13年（１９２４）、冨山房（ふざんぼう）から『成吉思汗（ジンギスカン）ハ源義経也』を刊行し、大反響を得た。

　おそらく小谷部は、流浪、刻苦勉励の末に社会的に成功した自身を、日本から大陸に渡って大帝国を築いた義経＝ジンギスカンを重ね合わせていたのだろう。けれども同書が大ベストセラーになったのは、当時の日本内外の情勢が影響している。

　１９１４年に第一次世界大戦が起こると、ヨーロッパ諸国が戦争で疲弊する中、日本の国際的地位が向上していった。１９１５年に日本は中華民国に二十一ヶ条要求を出し、１９１８年にはシベリアに出兵するなど、大陸への領土的野心を露わにする。

　そのような中、武力でアジアに一大帝国を築いた英雄であるジンギスカンが実は日本人であったという説は、日本の大陸進出を歓迎する日本人の心を強く揺さぶった。その反面、多数の研究者から酷評されたが、小谷部は反論の本を出版して、「日本史の研究には大なる愛国心を要す」と主張した。

結果的に、義経ジンギスカン説は、その後（昭和期）の日本の大陸侵略に免罪符を与えることになった。かつてアジアに大帝国を築いたジンギスカンは実は日本人であった。だから我々日本人は、再びアジアに大帝国を築くべきだ、と。

以上見てきたように、武士道を称揚する言説は、他国を見下す独善的な「日本すごい論」を生み出し、日本人の虚栄心を満たすに留まらず、日本の侵略戦争を正当化する役割を果たした。加えて、武士道とは主君のために命を捨てることだという曲解が広まり、「玉砕」や特攻作戦を肯定する風潮を準備した。

「潔く死ぬ」ことを美徳として称賛しすぎると、「失敗したら死ぬ（責任をとって辞任する）から、実行させてくれ」という提案が切り札になってしまいかねない。プランAがダメだった時の代替案、予備案（プランB）を検討、準備せず、玉砕覚悟でプランAに固執するという姿勢は危険であり、常に複数の選択肢を用意し、柔軟に軌道修正していくという心構えが必要である。武士道を誇るべき日本文化として安易に持ち上げずに、その負の側面を見据える必要があるだろう。

武士道と日本社会の教訓

一、中世の武士と近世の武士は性質が異なり、一貫した武士道を語ることはできない

二、武士道を持ち上げる傾向は、他国を蔑視する神国思想とともに醸成された

三、「潔く散る」を誇る武士道は、無謀な暴走行為を生みかねない

第7章

江戸のリスキリング社会からみえるアップデート教育の最適解

日本人は大学や専門学校、高校などを卒業して社会人になってしまうと、新たに学び直すことや自身の知識のアップデートを怠りがちだといわれる。しかし現代は、古いスキルや常識だけでは通用しなくなった時代である。日本の国際競争力を高めるには、社会の変化に応じた新たなスキルや資格を持った人材を育成することが急務であろう。

右の問題意識の下、IT技術を身につけさせようと政府はこれまで「リスキリング」の号令を出してきたが、どこまで浸透しているかは疑問でならない。一部の意識高い系サラリーマンは仕事以外の時間をビジネススクールでの勉強にあてているようだが、AIの急速な進展によってホワイトカラーの仕事のあり方が劇的に変わる可能性が指摘される中、既存のビジネススクールでの学習とてどこまで役に立つかは分からない。

過去を振り返れば、幕末も「アップデート」や「リスキリング」が盛り上がった時代であった。これまでの儒教の知識が通用しなくなり、西洋の技術を学ぼうとする若者で溢れ、「適塾（てきじゅく）」などの私塾が生まれる。彼らはどういった危機感から学ぶ意識を高め、全国に私塾が広まっていったのか、時代の状況を解説しながら、現代に通じる教訓を探っていきたい。

まずは洋学ブームが到来する以前の、江戸時代の教育とはそもそもどのようなものだったかを確認しておこう。

江戸時代に普及した庶民の学校・寺子屋

江戸時代の主な教育機関は、武士教育の藩校と百姓・町人たち庶民教育の寺子屋であった。この2つは現代学校教育の原点とされるが、別系統の機関であることには留意する必要がある。

江戸時代には全国統一、交通網の整備などによって全国市場が成立し、さらに鉱山開発、江戸幕府による貨幣制度の整備といった後押しを受けて、貨幣経済が進展した。

このような社会の変化は、庶民にも「読み・書き・そろばん」の能力を要求した。

地域の格差、身分の上下、男女の性差を超えて、契約書を交換したり、帳簿類を整理したり、手紙をやりとりすることが必須となったからである。この時代には、具体的な農業技術を伝授する農書（のうしょ）も普及しており、農民にも文字の読み書き能力は不可欠であった。

こうした庶民の要望に応えたのが寺子屋である。拙著『日本中世への招待』（朝日新書）で紹介したように、中世、特に室町（むろまち）時代の一部の寺院においては、世俗教育が行われていた。本来、寺院における教育は、僧侶を対象としていたが、次第に将来出家する予定のない俗人の子どもを受け入れ、教育を施すようになった。最初は庶民ではなく、武士の子どもが寺で学んだようである。いわば江戸時代の寺子屋の前身である。

江戸時代になると、その初期から、町人の間で初等教育を施す慣習が生まれ、そのための施設が設立されるようになった。

17世紀末～18世紀初頭の元禄（げんろく）年間になると、庶民の子どもに手習いを身につけさせる施設は、急速に普及し始める。そして、元禄期以降、初等教育機関に通って学習する子どもを指して「寺子」と表現するようになり、さらには書名に「寺子」を冠する子ども用の教育テキストも出現した。やがて、文字学習を行う教育機関を総括する普通名詞として「寺子屋」という言葉が一般化する。

寺子屋の場合、6~8歳の時に入学して、2、3年間の就学を経て卒業することが一般的であった。『論語（ろんご）』などの儒学書の素読（そどく）（後述）が行われるようなこともあったが、主なテキストは、商売往来（しょうばいおうらい）、百姓往来（ひゃくしょうおうらい）などの往来物（手紙形式で書かれたテキスト）であった。商人の子たちは、商売に密着した諸商品などに関する教材で学び、百姓の子たちは、農産物や農家の行事、農具などに関する教材で学んだのである。

現代の教育制度に通じる藩校システム

藩校とは、藩（大名家）が藩士教育のために設立・経営した教育機関のことである。

後述するように、欧米諸国の船が日本に来航し、外国の脅威が強く意識されるようになると、諸藩は洋学校・兵学校・医学校などを設立し、西洋の科学技術の導入を図った。これらも広義には藩校だが、狭義には、儒学を主とする漢学（中国の学問）を中心として、文字の学習と人格陶冶のための学問とを学ばせる学校を意味する。狭義の藩校に関して言えば、藩士の子弟のすべてを強制的に入学させる藩が大多数を占めていた。すなわち藩校は武士にとっての義務教育機関である。

このように藩校というと、時代遅れの古い学問を無理やり教えていた印象が強いが、実は藩校こそが近代の学校教育の基盤となっている。西洋各国の「学校」という教育機関を明治の日本人が理解し、まがりなりにも導入することができたのは、藩校の伝統があったからに他ならない。

固定された教室で多くの生徒を前にして行う一斉授業、試験や日常成績によって進級を決定する等級制、学校体系を初等から高等へとコース編成する考え方などは既に藩校で行われていた。明治の日本人は、西洋の近代学校を藩校との類似性で捉え、藩校教育の精神を援用して近代学校を運営したのである。

さて藩校には7、8歳で入学する者が多く、読み書きの初歩学習が行われた。書物、特に儒学書の内容を考えることなく、ただ書かれている文字を繰り返し音読し、文章を暗唱できるようにする教育も行われた。これを素読という。ただし水戸藩の弘道館などのように、15歳以上になって入学させる藩校も少なくなかった。この場合は、家塾・私塾などで習字、素読の初歩教育を受けた青年に、藩校で高度な教育を施すのである。

藩校の場合、卒業年齢は明確には定まっていなかったようである。教育学者である石川松太郎氏の研究によれば、だい15歳以下で卒業させた藩校が全体の29％、20歳未満で卒業させた藩校は50％、20歳卒業まで含めると63％になるという。したがって藩校には、若者を教育する機関という性格が強い。実際に藩士として職務に従事させる前に、一定の教養を身につけさせるのである。大学を卒業して社会に出たら全然勉強しなくなる、としばしば批判される現代の日本人に近い姿と言えるかもしれない。

もっとも、中には40歳以上までも在学させた藩校もあった。これなどは、今風に言えば「生涯学習」だろうか。とはいえ、たとえば弘道館の場合、30歳を超えると月々の授業日数が半減し、40歳になると聴講の義務が解除される。やはり藩校には就職前の若者を鍛える意味合いが強かったといえよう。社会人に学び直しの機会を与える教育機関とは評価できない。

なぜ江戸時代に儒学が流行したのか？

江戸時代においては、学問とは、『論語』や『孟子（もうし）』などの経書（けいしょ）（儒教の最も基本的な教えを記した書物）を学ぶことと同義であった。儒学書は、天下国家を治める道を考え、自己の人格を磨くための書物である。良く言えば高尚な、悪く言えば堅苦しく面白味のない儒学書を、支配階層である武士ばかりか、町人や百姓までもが熱心に読んだのである。

第6章でも触れたように、同時代の中国や朝鮮のような儒教国家では、儒教を学ぶことは栄達の手段であった。官吏登用試験である科挙は儒学（厳密に言えば儒学の一学派である朱子学）の知識を問うものであり、高級官僚になるためには朱子学を修めるしかない。逆に言えば、タテマエとしては、どんな家に生まれようとも、儒学を熱心に学び科挙に合格しさえすれば立身出世が可能だった。

ところが近世日本は身分制社会であり、人々の地位は世襲される。武士の子は武士になり、町人の子は町人になる。儒学を熱心に学んだところで、立身出世できるわけではない。藩校の教師になるという道はあるにはあったが、それとて薄給だった。

科挙のない江戸時代の日本において、経済的利益や社会的地位といった具体的メリットがないにもかかわらず、儒学に励む人々が大勢現れたのはなぜだろうか。かつては、江戸幕府が身分秩序を正当化するために、主君への忠義を重んじる儒学を積極的に奨励したから、と考えられていた。

しかし研究の進展により、儒学は単なる外国の知識として受容されたにすぎず、人々の日常生活を律する規範として日本社会に浸透、定着することはなかったことが明らかにされている。一例を挙げれば、親への「孝」を重んじる儒教においては、親が亡くなったら3年喪に服すというルールが重視されたが、江戸時代の日本人でこのルールを実行した者など皆無に等しい。

儒学者が考える理想の社会と、近世日本の実態は懸け離れていた。儒学者が「儒学によれば、本当はこうあるべきだ」と唱えたところで、誰も従わない。儒学者にできることは、理屈をこねて、儒学の理念と社会の現実との間のギャップを埋めるという知的遊戯に留まった。要はこじつけだ。前述した通り、江戸時代の身分制度が「士農工商」であったという主張は実態に即しておらず、日本の儒学者が儒学の基本用語である「士農工商」を近世日本に無理やり当てはめただけというのが真相である（195、196ページを参照）。

ではなぜ、江戸時代の人々は儒学を学んだのか。日本思想史学者の前田勉氏によれば、逆説的ではあるが、強固な身分制社会であり学問による立身出世が不可能だったからこそ、儒学に没頭する者が現れたという。

儒学の中でも朱子学は性善説（人間が天から与えられた本性は善であるという考え）に立ち、誰もが研鑽を積むことで「聖人」（道徳的に完璧な人格者）になれると説いた。不平等な身分制度の世界に不満を抱く人々にとって、人間は本質的に平等であり、凡人であっても努力することで聖人になれるという考えは魅力的だったに違いない。

朱子学は人格を磨くための学問であるから、富や名声を求めることは「聖人」の道に反することとして批判される。だが中国や朝鮮では、朱子学を修めることで富や名声を得られるので、社会的成功を求めて朱子学を学ぶ者が少なくない。経書の文章を丸暗記するような試験対策が盛行し、朱子学の理想である「聖人」とは懸け離れた欲深い受験秀才が人の上に立つ。ここに儒教国家たる中国・朝鮮の矛盾があった。

これに対して、近世日本では、朱子学を修めても世俗的な利益は得られない。だからこそ、純粋に「聖人」の道を追い求めることができた。現代の「意識高い系」が求める自己啓発的な学びとは対照的といえよう。

江戸武士たちの学習方法は、素読、講釈、会読の徹底

江戸後期になると、全国各地の藩校や私塾において、儒学の教授方法が確立する。すなわち素読、講釈（こうしゃく）、会読（かいどく）の3段階である。この学習方法は蘭学にも応用された。後で詳しく述べるように福沢諭吉（ふくざわゆきち）がオランダ語を学んだ適塾（てきじゅく）においても、素読、講釈、会読と段階を追ってオランダ語の書籍を読んでいる。

素読とは、声をあげて文字を読み、文章をたどる作業である。読書の初級段階として、7、8歳ごろから始め、漢文の意味内容を解釈せずに、ただ文字を繰り返し音読し、暗誦できるよう目指す（227ページを参照）。

こう言うと、棒読み、丸暗記という非効率的で不毛な作業に思えてしまうが、必ずしもそうではない。漢文という中国語を、中国語として読むのではなく、訓読によって読むのだから、何となく意味はつかめる。たとえば『論語』第一章の冒頭には「子曰。学而時習之。不亦説乎」と書かれているが、これを「子曰く、学びて時にこれを習う、また説（よろこ）ばしからずや」と読むのである。

この素読にも三段階あった。第一段階では、一字一字、一句一句を正しく読み上げる。そして第二段階では、早く読み長く読み続けることを目指した。これを復読という。復読にあたっては、子どもたちに順番に読ませ、競争意識に訴える集団学習が行われた。第三段階では、まだ教えたことのない書物を自分の力で詠ませる。これはしばしば「読書」と称された。

素読を無事終了した子どもは、15歳前後から講釈を聴くようになる。教師が生徒たちの前で、素読で用いたテキスト（主に経書）の一章、あるいは一節ずつ解説する、口頭で行われた一斉授業である。

ただし一言一句を正確に解釈していくというより、たとえ話を用いたり笑い話を交えたりといった工夫をしており、わかりやすさや面白さに配慮したものだった。

加えて、基本的には儒教の講義であるので、道徳的なお説教の側面が強いことは否定できない。たとえば金沢（かなざわ）藩の藩校・明倫堂（めいりんどう）は、寛政（かんせい）年間の創設当初は藩士ばかりか、領内の町人・百姓までも講釈の聴聞を許していた。

これは、領民に道徳的な美談・教訓話を聞かせて感動させ、勤労・善行を促すことを目的にしていた。

15歳ごろの講釈と併行して、あるいは、その後に行われたのが、会読である。会読は、一定の読書力と理解力を持つ上級の生徒が一室に集って、所定の経典の、所定の章句を中心として、互いに問題を持ち出したり、討論したりして、解決しきれないと教師に指導を仰ぐ共同学習である。

藩校で一般的に行われていた会読の形式は、輪講（りんこう）である。これは現在の大学のゼミなどでも広く行われている手法で、指定されたテキストを生徒たちで分担し、各々がテキストの該当箇所を事前に調べた上で順番に読んでいくものである。

生徒は担当箇所を読んで、意味を解説する。その後に、他の者がその読みや解釈について質問したり、意見を出したりする。担当者はそれらに回答し、積極的な討論を行う。これを次々と、担当箇所と担当者を交替して繰り返していく。教師は討論の間、終始黙っていて、意見が対立したり、疑問が解決しなかったりした時に解説するにすぎない。輪講の最後に教師は生徒たちの発表に講評を加え、判定を下すのである。この輪講には、車座で行う討論会の趣があったという。

さらに生徒の学力が上がると、課題とするところを自分で選び、ひとりで読み、ひとりで考える「独看（どくかん）」、問題点を発見して教師に「質問」する段階へと進んだ。これは今で言う自由研究であろう。

学習段階が進歩するにしたがって、学習内容の範囲も広がった。会読・輪講に至ると、儒教の古典である経書のみでなく史書（歴史書）もテキストに採られ、独看・質問では諸子百家（しょしひゃっか）や詩文集までもが研究の対象にされたのである。

ここで注目したいのは会読である。これまで、生徒同士が対等に討論し、切磋琢磨して学び合う会読は、適塾の学習方法として知られ、しばしば適塾の画期性として称賛される。けれども会読は、既に藩校の授業方法として用いられており、適塾はそのやり方を真似たにすぎないのである。

私塾の先進的な競争重視教育

会読という学習方法が、より積極的、効果的に行われたのは、藩校よりも私塾であった。私塾とは、幕府の昌平坂学問所や藩校などと異なり、幕藩権力とは無関係に設けられた民間の教育機関である。幕府や諸藩に仕えなかった民間の知識人（主に儒者）が自宅を教室として用い、その師匠が属する学派・流派を表看板に掲げ、独自の教育方針で指導した。

近世前期に発生した著名な私塾に、伊藤仁斎の古義堂（堀川塾）や荻生徂徠の蘐園塾などがある。これらの私塾で会読という新しい学習方法が導入され、やがて藩校にも広がったとされる。したがって、18世紀中期以降、藩校と私塾との間に、学習方法や学習内容の大きな差はなかった。

藩校と私塾の最大の違いは、藩校が就学を強制する義務教育的側面が濃厚な教育機関であるのに対して、私塾は自発的入学者に教育を施す任意のそれだというところにある。さらに、前者は原則的には武士を対象にしたものであるのに対して、後者は武士以外の庶民も広く受け入れた。藩校は藩士、すなわち藩内の武士の子弟を対象にするものだったが、有名な私塾は、全国各地から生徒を集めていた。

藩校の生徒は藩士の子弟に限られていたから、どうしても藩内の身分秩序の影響を受ける。上級藩士の子が大きな顔をしがちである。これに対して、どのような身分の生徒も受け入れた私塾においては、実力主義が徹底された。

特に徂徠学派においては、競争重視が顕著であった。創始者の荻生徂徠は、教師から生徒への一方的指導では、生徒が主体的、積極的に学ぶ姿勢が生まれないと考え、会読を導入した。これはアクティブラーニングの元祖と言えよう。

徂徠学派では、会読は真剣勝負の場であって、質問者と回答者の一方が他方を論破するまで、論戦が繰り広げられた。競い合うことを奨励し、勝ち負けを重視する点は、現代のディベート学習を彷彿とさせる。

「聖人」の道を目指す朱子学においては、地位や名誉を求めて人と競い合うことは好ましくないことであった（２３０ページを参照）。これに対して徂徠学では、人間の競争心を肯定し、競争の学習効果を認めた。競争そのものは決して悪ではない。競争心を正しい方向に導き、活用することが大事なのである。

ゆえに、会読が競争至上主義に陥らないようにするという教育的配慮も重要であった。金沢藩の藩校である明倫堂の校則は、会読の心構えを次のように論じている。

会読は学問的真理を探究するために、互いに虚心坦懐に討論するものである。にもかかわらず、勝敗にこだわり、相手を論破することばかり考え、小手先の弁論術ばかりを争い、きちんと調べることを怠ってはならない。自分の意見を頑なに主張することなく、他人の異なる意見を受け入れる謙虚さが必要である、と。現代にも通じる教訓であろう。

会読が『解体新書』という蘭学への道を開いた

前野良沢（まえのりょうたく）らと共に『解体新書（かいたいしんしょ）』を出版した杉田玄白（すぎたげんぱく）が、晩年に回顧録『蘭学事始（らんがくことはじめ）』

を著したように、『解体新書』の刊行こそが蘭学、すなわちオランダ語を通じた西洋の学問や科学技術の本格的学習の出発点となっている。

『解体新書』はドイツ人医師ヨハン・アダム・クルムスによる解剖学書のオランダ語訳書『ターヘル・アナトミア』を日本語に翻訳したものである。杉田玄白らによる共同翻訳は、まさに会読の成果であった。

小浜藩医だった杉田玄白は、同僚の中川淳庵がオランダ人から借りてきた『ターヘル・アナトミア』を、江戸の小浜藩邸で見て驚いた。文字は一字も読めなかったが、そこに掲載されている精緻な解剖図に目を見張ったのである。その洋書はとても高価で玄白には手が出ないものだったが、玄白は藩に事情を話し、藩の予算で購入してもらった。

明和8年（1771）3月、杉田玄白・前野良沢（中津藩医）・中川淳庵らは、江戸千住の小塚原の刑場で、死刑囚の腑分け（執刀者が死体の臓器を腹中から取り出すこと）を見学した。目の前に現れた諸臓器・筋骨肉の実型が、ことごとく『ターヘル・アナトミア』掲載の図と寸分違わぬことに、玄白らは驚いた。

帰路、玄白らは感動を語り合った。そして玄白は『ターヘル・アナトミア』の翻訳を提案した。良沢は「以前からオランダの医書を読みたいと思っていたが、同志がいなかった。私は去年長崎に行き、オランダ語も少々分かるので、それをとっかかりにしてみなで読んでいこう」と応じた。

玄白は「みなで力を合わせれば必ずうまくいくはず」と答え、善は急げということで、翌日には良沢の家に玄白・淳庵らは集った。この時、良沢は49歳、玄白が39歳、淳庵は33歳であった。漢方医学（東洋医学）を修めた彼らが一から西洋医学を学ぼうというのだから、まさに知識のアップデート、リスキリングということになる。

とはいえ、どこから手をつけていいかわからぬ状況であった。何しろ玄白などはアルファベットすら知らなかったのである。玄白は『蘭学事始』で「かのターヘル＝アナトミアの書にうち向ひしに、誠に艫舵なき船の大海に乗り出だせしが如く」と述懐している。当時、江戸にはオランダ語のできる者が皆無であり（オランダ語の通訳は長崎にいた）、良き師につくというわけにもいかなかった。オランダ語の辞書もなかった。

彼らが考え出した方法は次のようなものであった。臓器など身体の内部構造のことは複雑でわかりにくいので後回しにする。『ターヘル・アナトミア』の巻末附図の第一図として、男子の後ろ向きと女子の前向きの全身図が掲載されている。身体の各部にはアルファベットや数字の符号が付されており、本文部分のページには符号に対応した説明文が記されている。そして手や足といった身体表面の各部の名称はみな知っていることなので、そこから該当するオランダ語を探していこう、というのである。

たとえば、全身図の一番上にはAと書かれていて、Aの説明文を見ると、最初に「Caput」、「het Hooft」と記されている。とすると、「Caput」、「het Hooft」とは「頭」の意味であり、その後の文は頭の説明であろうと推測できる。おそらく、そんな感じで読み進めていったのだろう。ちなみにCaputはラテン語で「頭」、het Hooftはthe Hed、オランダ語で「頭」である。翻訳を始めた頃は「ヘット（het）」も知らなかったと玄白は振り返っている。

彼らは毎月6、7回、良沢の家に集まって議論しながら読み進めた。まさに会読である。最初のうちは「眉とは目の上に生えた毛である」という文章を解読するのに1

日を要する有様で、最初のうちは1日で平均1行も訳せなかった。だがみなで悩みながらアイデアを出し合う日々は苦しくも楽しい日々であった。苦心の末に単語を訳せた時の喜びは、何物にも代えがたかった。会合を1年余りも続けているうちに、訳語も次第に増加していき、簡単な箇所は1日に10行以上も訳せるようになったという。

この翻訳作業は1人では決して成しえなかっただろう。対等な関係で、各々が意見を出し合い、討論しながらパズルを解くように翻訳していったからこそ、途中で挫折することなく続けられたのである。玄白は『蘭学事始』で、翻訳を始めて2、3年が経過すると、会読の日を心待ちにするようになり、前日から早く夜が明けないかと胸が弾み、子どもがお祭りを見に行くような気持ちになったと語っている。

このような勉強会、読書会が、日本の西洋学問の黎明期に絶大な効果を発揮したことは疑いようがない。

医師のものだった蘭学は、武士の学問へ

前節で紹介したように、蘭学は18世紀後期、『解体新書』の刊行を契機として始まった。それ以前から天文学・暦学・航海術・地理学・医学などのオランダ系学術は、長崎のオランダ通事（通訳）を通じて断片的に日本に入ってはきていた。だが、これらのほとんどは通事の余技・趣味的なものに留まっていた。

オランダ解剖書『ターヘル・アナトミア』が翻訳されて以降、蘭書に基づく本格的・体系的な西洋学術研究が開始された。これをもって蘭学の成立とみなされている。

このこともあり、蘭学は当初、医者や暦法家のような、限られた職業人を主な担い手としていた。彼らが蘭学を熱心に学んだのは、中国由来の従来の学問よりも、蘭学の方が遥かに実用的だったからである。

たとえば、杉田玄白・前野良沢の弟子である大槻玄沢は、実証的な解剖学的知識に基づく西洋医学と、陰陽五行理論に立脚する漢方医学が根本的に相容れないことを認識し、漢方医学の説明の誤りを厳しく指摘している。彼らは漢方医学を陳腐化した時

代遅れのものと考えてこれを捨て、西洋医学で自分の知識をアップデートしたのである。

天文学も同様で、幕府の天文方が『ラランデ暦書』などの蘭書の翻訳・研究を行ったのは、造暦技術の修得のためであった。西洋の天文学を採り入れることで、正確な暦に改めようとしたのである。なお『ラランデ暦書』から得られた天文知識は、伊能忠敬による日本測量の際に活用された。

以上のように、蘭学初期においては、蘭学者の主要な関心は、医学や天文学および、その関連科学に向けられていた。

もっとも、前章でも触れたように、18世紀後期にはロシアの千島列島南下の動きがあり（215ページを参照）、海外への関心も高まっていた。このため蘭学者は西洋諸科学の摂取、研究に従事する傍ら、海外事情を紹介した。幕府も蘭学者を動員して西洋史・世界地理などの分野の蘭書を翻訳させ、世界情勢の把握に努めていた。

けれども幕府は長い「鎖国」の中で緊張感を失っており、対外情勢に対して正確な判断を下すことができなかった。特に西洋諸国の軍事力を過小評価していたため、西洋の軍事技術に対しては、さしたる興味を抱かなかった。

ところが１８４０年にアヘン戦争が勃発し、１８４２年に清国がイギリスに敗れるに及んで、幕府・諸藩は深刻な危機感をおぼえた。幕藩権力は、ヨーロッパの軍事技術を導入して国防を充実させる必要性を痛感したのである。

これに伴い、医学や天文学を主内容としていた蘭学が、軍事科学に重点を移した。軌を一にして、医者や暦法家に代わって、武士階級出身者が新たに蘭学の担い手として登場する。明治になってから福沢諭吉が「宝暦・明和以来、八・九十年間の蘭学は、医師を蘭学にしたるものなれども、弘化・嘉永以後の蘭学は、士族を蘭学にしたるものなり」と往時を回顧しているのは、この変化を的確に評している。

周知のように福沢諭吉自身、武士出身で蘭学を修めた。豊前国（現在の大分県）中津藩の下級武士の家に生まれた福沢は、少年時代、中津で漢学塾に通った。

安政元年（１８５４）2月、福沢諭吉は兄の三之助の勧めにしたがい、その兄が長崎に赴くのに同行して、蘭学修業の途についた。数え年で21歳（満齢では19歳2か月）、漢学に励むようになってからは6～7年が経過していた。

福沢諭吉の『福翁自伝（ふくおうじでん）』によれば、福沢が長崎で蘭学を学ぶことになった事情は次のようなものであった。ペリー来航以来、砲術の必要性が喧伝され、これからの砲術はオランダ流でなければならないといわれている。そこで、このオランダ砲術を取り調べるのには、どうしてもオランダ語の原書を読む必要がある。ついては、その原書を読んでくれないか、と兄から頼まれたというのである。中津は田舎であるから、福沢は横文字やアルファベットを見たことすらなかった。しかし地元の漢学塾では秀才で鳴らしていた福沢は、勉強すれば何とかなるだろうと思い、同意したという。

福沢諭吉は『福翁自伝』で、田舎の中津が窮屈なのがいやでいやでたまらないから、その中津から出ることさえできれば、文学でも武芸でも何でも構わないというのが当時の気持ちだったと述懐している。この時点では蘭学や砲術に特段の興味はなかったようで、ペリー来航でにわかに訪れた砲術ブームがなければ、福沢がオランダ語を勉強することはなかっただろう。黒船が図らずも福沢の人生を大きく変えたことになる。

ともあれ福沢諭吉は「武士の蘭学」の典型的コースを歩んだ。漢学を修めた後、砲術修業という名目で蘭学を修めるリスキリングを行ったのである。その後、福沢は、大坂の適塾で本格的な蘭学修業を開始するが、その話は節を改めて紹介したい。

福沢諭吉を作った適塾の教育システム

福沢諭吉の本格的な蘭学修業は大坂北浜（きたはま）の適塾で行われた。ここは、蘭方医の緒方（おがた）洪庵（こうあん）が開いた蘭学の私塾で、緒方洪庵の号である「適々斎（てきてきさい）」を由来とする。全国的に名の通った名門の蘭学塾であった。

適塾の教育システムについては、福沢諭吉が『福翁自伝』で詳しく述べている。

まず文法のテキストであるが、『ガランマチカ』と『セインタキス』を使っていた。もとはオランダで刊行されたオランダ語の入門書であるから、当然、原書はなかなか手に入らない。だが箕作阮甫（みつくりげんぽ）が翻刻して江戸で刊行した。すなわち、天保（てんぽう）13年（1842）に『ガランマチカ』を『和蘭文典　前編』として、嘉永元年（1848）に『セインタキス』を『和蘭文典　後編　成句編』として出版したのである。現代なら海賊版として非難されたであろうが、この本のおかげで、日本でのオランダ語学習は大いに進展した。

初学者はまずこの『ガランマチカ』の素読に取り組むとともに、先輩の講釈を聴いた。これを1冊読み終えると、『セインタキス』を同じ方法で学ぶ。なんとかこの2冊をマスターして文法の基礎を身につけたところで、オランダ語原書の会読に加わる。会読のやり方は、塾生が10人なら10人、15人なら15人でグループを作った。むろん、同レベルの学力の者でグループを作るのである。いわば学校のクラスである。クラスごとに会頭というリーダーが1人ずついた。

会読に使うテキストは、適塾所蔵の原書であったが、物理書と医書の2種類しかなく、しかも全部で10部に満たなかった。当然、1種類の原書につき1部しか所蔵していなかったので、塾生たちは会読前に1回分の範囲を順番に筆写しなければならなかった（誰が先に写すかはクジ引きで決めた）。当時、洋紙はなく、和紙に写したが、1日の会読分は半紙にして3枚かあるいは4、5枚より多くはなかったという。

会読に備えて塾生たちはめいめい予習をするが、疑問点があっても、他人に質問することは禁止という暗黙のルールがあった。こっそり教えることも聞くことも恥と考えられていたという。自分1人で読解しなければならないのである。

そこで必須となったのが、適塾所蔵の『ヅーフ・ハルマ』（『ドゥーフ・ハルマ』）という蘭和辞典である。これは、長崎の出島に長期間在留したオランダ商館長のヘンドリック・ドゥーフが、フランソワ・ハルマの『蘭仏辞書』をベースに作成したものである（ドゥーフ帰国後は長崎通事が引き継ぎ完成させた）。日本の紙に換算しておよそ3000枚という大部の辞書であった。適塾所蔵の『ヅーフ・ハルマ』は、日本人が筆写した写本である。

この『ヅーフ・ハルマ』がある部屋は「ヅーフ部屋」と呼ばれていて、多数の塾生がこの部屋に詰めかけ、1冊の『ヅーフ・ハルマ』を奪い合った。

会読は1の日と6の日とか、3の日と8の日とかスケジュールが定まっており、5日おきに行う。いよいよ明日が会読だというその晩は、どんなに怠惰な塾生でも寝ることはなかったという。ヅーフ部屋に、5人も10人も群をなして無言で辞書を引きつつ勉強するのである。なお、ヅーフでわからない場合は、ウェイランド編纂の蘭蘭辞書を引くが、これは上級者向きで、最初のうちはヅーフだけが頼りである。

そして翌朝の会読になる。当日はその場で参加者がクジを引き、その順序にしたがい、数行ずつオランダ語を訳す。自分に割り当てられた箇所を順々に訳して、もしその者ができなければ次に回す。またその人もできなければその次に回す。会頭は原書を持って、黙って聞いている。

会読が終わると、その日の成績について会頭の採点があって、おおむね解釈できた者には○印、解釈できなかった者には●印、自分の担当範囲を完璧に解釈できた者には△印をつける。△は○の3倍ぐらい優秀と評価された。塾の中には7、8ぐらいのクラスがあって、クラスの首席を3か月占めると1つ上のクラスに昇級するという規則であった。

会読のテキスト以外の本であれば、先輩が後輩に解説をして、質問されたら親切に教えて、兄弟のようであるけれども、こと会読に限っては、全く本人の自力でやらなければならない。したがって、塾生は毎月6度ずつ試験を受けるようなものである。

そうやって1つずつ昇級して第一等（最上級クラス）に入るころには、ほとんど塾中の原書を読み尽くしてしまっている。こうなると各人が自由研究を行うことになる。何か難しいものはないかと探し求めて、実用にもならない難解な原書の緒言とか序文とかを集めて、最上級の塾生だけで会読をしたり、または先生である緒方洪庵に講義を願ったりしたという。洪庵の講義には大変感銘を受けたと福沢は述懐している。塾生の中には物理・化学の実験や、解剖をやる者もいた。

適塾は完全な実力主義で、何年も在籍しているから昇級させるとか卒業させるという温情措置はなかった。「正味の実力」を養うことに重きを置いていたから、たいがいの塾生は原書をスラスラ読めるようになったという。ちなみに福沢諭吉は3年で塾頭（塾生筆頭）になっている。

生徒の自主性を重んじ切磋琢磨させる適塾は、理想の教育機関であり、明治維新（めいじいしん）への足掛かりを作ったのだ。

アップデートの達人・勝海舟

既述の通り、幕末、西洋諸国の脅威が高まると、幕府や諸藩は西洋の軍事技術を学ぶ必要に迫られた（245ページを参照）。このことは、同時に西洋の軍事に通じた下級武士の立身出世への道を拓くことになった。その典型が勝海舟である。

海舟の父方の曽祖父は、越後の貧農出身の盲人（視覚障害者）であった。

彼は江戸に出て高利貸しで成功して巨万の富を築き、盲人の最高位である検校を買い取って、米山検校と名乗った。そして米山検校は、3万両で千石取りの旗本・男谷家の株を買い、末子の平蔵に同家を嗣がせたという。

海舟の父方の祖父である平蔵の三男・小吉（左衛門太郎）は、旗本・勝元良の一人娘・信と結婚し、勝家の婿養子に入った。その長男として生まれたのが麟太郎海舟である。海舟は、文政6年（1823）正月30日、江戸本所亀沢町の男谷邸で生まれた。当時、海舟の両親が男谷家に同居していたからである。

勝家は、近江国勝村の出身で、天正年間以来徳川家に仕えてきた御家人で、後に旗本に格上げされた古参の幕臣であった。だが当時の勝家の石高はわずか四十一石余の微禄であった。

しかも海舟の父、小吉は小普請組であった。小普請組とは、役を務めさせないでただ禄（給料）を与えているわけにはいかないので、城の壁や瓦、垣根の破損といった小さな補修工事を手伝わせるという名目になっている組織のことで、実質無役である。

若き日の海舟は剣術修業に明け暮れた。はじめ親戚の男谷信友に学び、のち中津藩出身で浅草新堀に道場を構えていた島田虎之助の門に入った。天保14年（１８４３）ごろ、師匠から免許皆伝を受けた。21歳ごろのことである。しかし剣術を磨いたところで出世はできない。

そんな海舟が出世を遂げたのは、学問の力であった。海舟の談話集『氷川清話』をまとめたことで知られる吉本襄の『氷川逸聞』によれば、海舟が蘭学に興味を抱いたきっかけは、江戸城中でオランダから献納された大砲を見たことにあるという。このような新兵器でなければ、今後の国防の役には立たないと考え、砲身に記されているアルファベットをどうしても読みたいと思った。

そこで当時幕府天文方翻訳員であった箕作阮甫（247ページを参照）に入門を乞うたが、せっかちな江戸っ子に蘭学は向かないし、自分も忙しくてあなたに教える時間はないと断られたという。

箕作阮甫に入門を拒まれた海舟は、赤坂溜池の筑前藩黒田家の屋敷内に住んでいた蘭学者の永井青崖に弟子入りした。この入門がいつのことなのかは不明であるが、ともあれ海舟のリスキリングはここから始まる。

蘭学を勉強するには、どうしても辞書が必要である。当時刊行されていたのは、前掲の蘭和辞典『ヅーフ・ハルマ』（249ページを参照）だけであるが、これが60両もした。貧乏生活に追われていた海舟に、そんな大金があるわけはない。蘭方医の赤城某が秘蔵しているのを聞きつけた海舟は、1年10両の謝礼でこれを借り受け、昼夜、もっぱらこの筆写に努めた。ようやく1組は完成したが、謝礼が支払えない。そこでもう1組写本を作って、それを売り払い、金を作ったという。

この話は『氷川逸聞』だけでなく、一次史料でも裏付けられる。すなわち、この時に海舟が筆写した本が表装されて勝家に保存されたからである。その巻末に海舟の手記が見られる。以下に示す。

弘化四丁未秋、業に付く。翌仲秋二日、終業。予この時、貧骨に到り、夏夜幮なく、冬夜衾なく、ただ日夜机に倚りて眠る。しかのみならず、大母病床に在り、諸妹幼弱にして事を解せず。自ら椽を破り、柱を割って炊ぐ。困難ここに至り、また感激を生じ、一歳中二部の謄写成る。その一部は他に鬻ぎ、その諸費を弁ず…（後略）

（『勝海舟全集　22　秘録と随想』講談社）

この手記により、海舟が弘化4年（1847）の秋に辞書を借り、翌5年の8月2日までかかって2組の写本を作ったことが分かる。数え年で25歳から26歳にかけての時期である。蚊帳も布団もなく、垂木を破って柱を割って薪代わりにするという貧乏生活の中で、一心不乱に筆写したのである。その克己心には頭が下がる。

海舟の蘭学の特徴は、最初から兵学修得を目的としていた点にある。当時の西洋兵学は、ナポレオン戦争によってヨーロッパ全体に広がった三兵（歩兵・騎兵・砲兵）

用兵戦術を軸とするもので、さらに火器や軍艦の製造法、航海術、海戦戦術など多岐にわたった。

海舟は支援者にも恵まれた。『氷川清話』によると、貧しかった海舟は日本橋と江戸橋の間の小さな本屋に通って立ち読みを繰り返していた。そこで本屋の常連客である北海道の商人、渋田利右衛門(しぶたりえもん)と知り合った。

数日後、渋田は海舟の家を訪れた。渋田は海舟の家がたいそう貧相なことに特段気にかけることなく、海舟と落ち着いて話をした。そして、帰りがけになって、懐から200両の大金を出して「これはわずかだが書物でも買ってくれ」と言った。海舟は驚いて返事もできずにいると、渋田は「いや、そんなにご遠慮なさるな。これであなたが珍しい書物を買ってお読みになり、その後で私に送って下されば結構だ」と、強いて金を置いて帰った。さらに渋田は、面白い蘭書があったら、翻訳してこの紙に書いて下されと言って、貧乏な海舟のために紙まで提供してくれた。

この渋田との交流はその後も続き、海舟が世に出た後も、渋田に紹介してもらった各地の豪商から世話を受けている。

このような篤志家の助力を得て、海舟の蘭学は進展した。嘉永3年（1850）には、赤坂田中町中通の家に私塾を開いて蘭書と西洋兵学の講義を始めた。28歳の時のことである。

嘉永2年にイギリス船マリーナ号が江戸湾の測量をしたこともあり、幕府・諸藩ともに海防強化の構えを見せ、鉄砲や大砲の新規製作を進めた。

『氷川逸聞』によれば、海舟も、このころ、自宅で鍛冶工を雇って小銃を製造した。また、諸藩から野戦砲の製作を依頼されて鋳物師を使って造らせている。

嘉永6年（1853）6月にペリーが来航し、開国を要求する。幕府はとりあえず国書を受け取り、返事は来年すると言ってペリーに帰ってもらった。7月、幕府はアメリカの国書を、諸大名や幕臣に示して対応策を募った。海舟もこの時、意見書を上申している。海舟は西洋兵学者の立場から、江戸湾の防備強化や西洋式兵制への転換を献策した。

この意見書が目に留まったのか、海舟は一躍、世間の注目を浴びることになる。8月11日に支援者の竹口信義（たけぐちのぶよし）に宛てた書簡によれば、海舟のところに幕府の老中（ろうじゅう）・若年（わかとし）

寄がしきりに意見を求めてくるようになり、諸藩からも大砲の製作や西洋式の訓練を頼まれるようになったという。門人もいきなり90人ほどに膨れ上がった。

幕府は、ペリー来航の前後から、有能な幕臣たちを身分にかかわらず抜擢していった。川路聖謨を勘定奉行に、堀利熙、岩瀬忠震、永井尚志、大久保忠寛（のちの一翁）を海防掛の目付に抜擢した。このうち大久保忠寛が、海舟の評判を聞きつけ、会いに来たという（『氷川逸聞』）。

安政2年（1855）正月、33歳の海舟は下田取締掛手付として蕃書翻訳御用（蘭書の翻訳）を命じられた。大久保忠寛の推挙と思われる（『氷川逸聞』）。本格的に蘭学の勉強を始めてからほぼ10年、私塾を開いて蘭学を教えるようになってから約5年が経っていた。

同年7月、海舟は蒸気船運用伝習のために長崎に派遣された。足かけ5年の伝習によって、海舟は海軍の知識・技術ともに日本の第一人者となった。ここから海舟は出世街道を邁進する。以後の活躍はよく知られているので、ここでは省略する。

周知のように海舟は、政治改革や開国（貿易公認）の必要を深く認識しており、幅広い識見を有していた。だが海舟は、西洋兵学という自分の専門的知識に磨きをかけ、それを売りにして出世していった。西洋諸国の軍事的脅威が迫る激動の時代においては、西洋兵学が最も需要があると考えたからである。貧しく身分の低い海舟の場合、政治思想家として世に出るのは難しかったので、軍事専門家として自らを売り込んだのだ。

海舟は前掲の竹口信義宛ての手紙で、「天下無事（平和な時代）ならば、拙者ごときは狂人扱いされる」と語っている。時代が求めるものを鋭くつかんで新しい学問に励んだ海舟は、アップデート、リスキリングの達人といえよう。

蘭学から英学の時代へ

勝海舟が抜擢されたのと同時期の安政5年（1858）、福沢諭吉にも転機が訪れた。

江戸の中津藩邸の蘭学塾で指導するよう藩から命じられ、大坂から江戸に移ったのである。しかし、ひとかどの蘭学者として認められ、意気揚々と江戸に乗り込んだ福沢を、大きな衝撃が襲った。

同年にアメリカは日本との間に日米修好通商条約（にちべいしゅうこうつうしょうじょうやく）を結んだ。これにならってオランダ・ロシア・イギリス・フランスの列国も同年内に同様の条約を締結した。そして、このいわゆる五ヵ国条約に基づき、翌6年に横浜が開港した。

さて『福翁自伝』によると、福沢はさっそく開けたばかりの横浜を見物に出かけた。ところが、いざ行ってみると、外国人の店でオランダ語は少しも通じないばかりか、店の看板も読めなければ、ビンの貼紙すらわからない。何を見ても福沢の知っている文字はなかった。

横浜から帰って、福沢はすっかり落胆してしまった。今まで数年の間、死に物狂いになってオランダの書を読んできたのに、何の役にも立たないのである。

しかし福沢はさすがに切り替えが早かった。横浜で見た文字は英語か仏語に違いない。今、世界の公用語が英語であるということは福沢も知っていた。となると、あれは英語に違いないだろう、と福沢は考えたのだ。開国した以上、今後は英語が必要になるに違いない、洋学者として英語を知らなければ話にならない、と心機一転、覚悟を決めて、直ちに英語の学習を誓ったのである。福沢諭吉、第2のアップデートである。

ところが、その英語を学ぶ方法がない。江戸に英語を教えてくれる塾など存在しないのだ。長崎の通事の森山多吉郎（もりやまたきちろう）という人が、江戸に来て幕府の御用を勤めており、その人が英語を知っているという噂を耳にした。そこで森山に弟子入りしたが、森山は幕府の御用で忙しく福沢に英語を教える暇がほとんどなく、一向に学習が進まない。そもそも森山も、ようやく少し発音を心得ているという程度であったので、福沢は森山に習うのをあきらめた。

福沢は、英蘭対訳の辞書があれば、先生に教わらなくても自分一人で勉強ができると思いついた。ところが横浜に辞書を売る店はなかった。

九段下（くだんした）に蕃書調所（ばんしょしらべしょ）という幕府の洋学所（洋書の翻訳と洋学研究を専門的に行う機関）があるが、そこにはいろいろな辞書があると聞きつけた福沢は、さっそく入門した。首尾よく英蘭辞書を借り出して懐中の風呂敷に包んで帰ろうとすると、持ち出し厳禁と言われてしまった。毎日辞書を引くために通うのは効率が悪いので、入門1日で辞めてしまったという。

福沢は八方手を尽くして、何とか小さな英蘭対訳の辞書を手に入れた。この辞書さえあればもう先生は要らないと、自力研究の念を固くして、辞書と首っ引きで、毎日毎夜、一人で英書を読んだ。

しかし一人で勉強するのはつらい。これはどうしても勉強仲間がいなくては、と福沢は思った。今の蘭学者はみな福沢同様に不便を感じているはずだから、一緒に勉強すればよいというわけだ。

だが、勉強仲間を見つけるのは意外に難しかった。数年の間、刻苦勉強した蘭学が役に立たないからといって、これを捨てて英学に移ろうとすれば、蘭学を学んだ時の苦しみをもう一度しなければならない。たとえるなら、3年も5年も水泳を練習してようやく泳ぐことができるようになったところで、その水泳をやめて今度は木登りを始めようというようなものだから、蘭学者たちはなかなか英語学習に踏み切れないのである。

そこで学友の神田孝平（かんだたかひら）に面会して、一緒に英語を勉強しようじゃないかと相談を持ちかけた。けれども神田は以下のように述べて断った。自分もそう思って英語学習を試みたが、どこから取りかかっていいやら、学習方法が分からない。そのうち何か英書を読む手立てが生まれるに違いないが、今のところは手の打ちようがない。まあ君は元気がいいからやってくれ、と。

それから番町（ばんちょう）に住む適塾の同窓である村田蔵六（むらたぞうろく）（後の大村益次郎（おおむらますじろう））のところへ行って、一緒に英語をやろうと誘った。ところが村田は「無益な事をするな。僕はそんな物は読まぬ。要らざる事だ。何もそんな困難な英書を苦労して読むことはないじゃないか。必要な書はみなオランダ人が翻訳するから、その翻訳書を読めばそれで十分じゃないか」と反論する。福沢は「なるほど、それも一理あるが、オランダ人が全て翻訳するわけではない。僕は先ごろ横浜に行って呆れてしまった。この調子ではとても蘭学は役に立たぬ。ぜひ英書を読まなくてはならぬ」と説得を試みたが、村田はどうしても首を縦に振らなかった。

結局、福沢の仲間になったのは原田敬策だった。原田はたいへん熱心で、ぜひやろうと言うから、2人で英語を勉強することになった。

いざ始めてみると、辞書を頼りに英文を蘭文に翻訳することは、それほど難儀ではなかった。英語の発音には苦しんだが、これも次第に糸口が開けてくれば、それほど難渋しなかった。

最初、福沢は英学に移ろうと決意したとき、数年の蘭学勉強の成果をすべて捨てて、もう一度艱難辛苦を味わわなければならないと覚悟していた。けれども実際には、オランダ語と英語はどちらもアルファベットを用いており、その文法も似ているので、これまで培ったオランダ語力は英語を学ぶうえで役に立った。

この時期の日本の洋学は、蘭学から英学への転換期に当たっていた。しかし、大村益次郎のように、英語は不要、オランダ語で読めば十分という蘭学者も少なくなかった。そんな中、福沢がいちはやく英学への転向を決断した慧眼は注目すべきだろう。

結局、大村も遅れて英語を学び始めた。

リスキリングはどうしても、「今まで学んできたことが無駄になるのか」と後ろ向きの気持ちになりがちである。だが、分野は違っても、身につけた学習方法などが応用できることもある。新天地に踏み出すことを恐れず、むしろ人に先んずる気概が必要だろう。

アップデートと日本社会の教訓

一、知識を身につける最良の手段は、アクティブラーニング

二、失われかけている競争重視の教育こそが、実力ある人間を作る

三、アップデートを積み重ねて無駄になることはない

参考文献

【第1章】

脇田 修『秀吉の経済感覚 ― 経済を武器とした天下人』中公新書、1991年
滋賀県安土城郭調査研究所 編『安土城・信長の夢』サンライズ出版、2004年
池上裕子『織田信長』吉川弘文館、2012年
長澤伸樹「「楽市」再考：中近世移行期における歴史的意義をめぐって」『市大日本史』大阪市立大学日本史研究会、2016年
高木叙子「総論 安土 ― 信長の城と城下町 ―」『平成31年春季特別展 安土 ― 信長の城と城下町 ―』滋賀県立安土城考古博物館、2019年
長澤伸樹『楽市楽座はあったのか』平凡社、2019年
川戸貴史『戦国大名の経済学』講談社、2020年

【第2章】

濱田尚友『西郷隆盛のすべて その思想と革命行動』久保書店、1972年
田中惣五郎『西郷隆盛』吉川弘文館、1985年
五代夏夫 編『西郷隆盛のすべて』新人物往来社、1985年

落合弘樹『西南戦争と西郷隆盛』吉川弘文館、2013年
家近良樹『西郷隆盛 ― 人を相手にせず、天を相手にせよ』ミネルヴァ書房、2017年

【第3章】
伊藤之雄『伊藤博文 近代日本を創った男』講談社、2009年
瀧井一博『伊藤博文 知の政治家』中央公論新社、2010年

【第4章】
小西甚一『宗祇』筑摩書房、1971年
伊地知鐵男『伊地知鐵男著作集〈I〉宗祇』汲古書院、1996年
奥田勲『宗祇』吉川弘文館、1998年
金子金治郎『連歌師宗祇の実像』KADOKAWA、1999年
神田千里『民衆の導師 蓮如』吉川弘文館、2004年
神田千里『蓮如：乱世の民衆とともに歩んだ宗教者』山川出版社、2012年
廣木一人『室町の権力と連歌師宗祇 出生から種玉庵結庵まで』三弥井書店、2015年
黒田基樹『戦国大名・伊勢宗瑞』KADOKAWA、2019年

【第5章】

大日方克己　「律令国家の交通制度の構造――逓送・供給をめぐって」『日本史研究』日本史研究会、1985年
下向井龍彦　「日本律令軍制の基本構造」『史学研究』広島史学研究会、1987年
笠原英彦　「太政官制の形成と機能に関する覚書」『法學研究　法律・政治・社会』67、1994年
井上光貞・永原慶二・児玉幸多・大久保利謙 編　『明治国家の成立』山川出版社、1996年
下向井龍彦　「延暦十一年軍団兵士制廃止の歴史的意義―律令国家論への提言―」『史人』広島大学学校教育学部下向井研究室、1997年
北岡伸一　『日本の近代5　政党から軍部へ』中央公論新社、1999年
宮地正人・佐藤 信・五味文彦・高埜利彦 編　『新体系日本史1　国家史』山川出版社、2006年
田村安興　「明治太政官制成立過程に関する研究1」『高知論叢』99、2010年
田村安興　「明治太政官制成立過程に関する研究2」『高知論叢』103、2012年
鄭 淳一　「延暦・弘仁・天長年間の新羅人来航者」『早稲田大学大学院文学研究科紀要』早稲田大学大学院文学研究科、2012年
中野目徹　「五 太政官制の構造と内閣制度」『講座 明治維新4 近代国家の形成』有志舎、2012年
小林和幸　『明治史講義【テーマ篇】』筑摩書房、2018年
松木大輔　「天皇機関説事件における新聞についての一考察」『慶應義塾大学大学院法学研究科論文集』慶應義塾大学法学研究会、2021年
佐藤雄基　『御成敗式目 鎌倉時代の法と生活』中央公論新社、2023年

【第6章】

徳富蘇峰『近世日本国民史 第47巻』民友社、1934年
徳富蘇峰『近世日本国民史 第53巻』明治書院、1936年
徳富蘇峰『近世日本国民史 第57巻』明治書院、1937年
高木昭作『日本近世国家史の研究』岩波書店、1990年
前田 勉『近世日本の儒学と兵学』ぺりかん社、1996年
高橋昌明『武士の成立 武士像の創出』東京大学出版会、1999年
五味文彦『増補 吾妻鏡の方法 事実と神話にみる中世』吉川弘文館、2000年
坂井孝一『曽我物語の史実と虚構』吉川弘文館、2000年
山本博文『『葉隠』の武士道 誤解された「死狂ひ」の思想』PHP研究所、2001年
山本博文『武士と世間 なぜ死に急ぐのか』中央公論新社、2003年
佐藤弘夫『神国日本』筑摩書房、2006年
前田 勉『兵学と朱子学・蘭学・国学 近世日本思想史の構図』平凡社、2006年
原田信男『義経伝説と為朝伝説 日本史の北と南』岩波書店、2017年
高橋昌明『武士の日本史』岩波書店、2018年
佐伯真一『「武国」日本 自国意識とその罠』平凡社、2018年

【第7章】

奈良本辰也 高野 澄『適塾（緒方洪庵）と松下村塾（吉田松陰）― 凡才を英才に変えた二大私塾の教育法』祥伝社、1977年
野原巨峰 編『― 国民的英雄 ― 勝海舟伝』文憲堂七星社、1974年
石川松太郎『藩校と寺子屋』ニュートンプレス、1978年
福沢諭吉著・富田正文校注『新訂 福翁自伝』岩波書店、1978年
佐藤昌介『洋学史の研究』中央公論社、1980年
杉田玄白著・緒方富雄校注『蘭学事始』岩波書店、1982年
江藤 淳 編『勝海舟全集22 秘録と随想』講談社、1983年
大久保利謙『大久保利謙歴史著作集〈5〉幕末維新の洋学』吉川弘文館、1986年
松浦 玲「弘化・嘉永期の勝海舟：自筆文書・自筆記録の信憑性」『桃山学院大学人文科学研究 25巻』桃山学院大学総合研究所、1989年
梅溪昇『緒方洪庵と適塾』大阪大学出版会、1996年
松浦 玲『勝海舟』筑摩書房、2010年
松浦 玲『勝海舟と西郷隆盛』岩波書店、2011年
前田 勉『江戸の読書会』平凡社、2012年

呉座勇一（ござ ゆういち）
国際日本文化研究センター准教授。1980年、東京都生まれ。東京大学大学院人文社会系研究科博士課程終了。博士（文学）。東京大学大学院人文社会系研究科研究員、東京大学大学院総合文化研究科学術研究院などを経て現職。日本中世史専攻。著書に『日本中世の領主一揆』（思文閣出版）、『一揆の原理』（ちくま学芸文庫）、『応仁の乱 戦国時代を生んだ大乱』（中公新書）、『陰謀の日本中世史』（角川新書）、『日本中世への招待』（朝日新聞出版）、『頼朝と義時』（講談社現代新書）、『戦国武将、虚像と実像』（角川新書）、『動乱の日本戦国史』（朝日新書）、『日本史　敗者の条件』（PHP新書）、など多数。

扶桑社新書 531

令和に生かす日本史

発行日 2025年5月1日　初版第1刷発行

著　　者………呉座勇一
発 行 者………秋尾弘史
発 行 所………株式会社 扶桑社
〒105-8070
東京都港区海岸1-2-20 汐留ビルディング
電話 03-5843-8194（編集）
03-5843-8143（メールセンター）
www.fusosha.co.jp

校　　正………聚珍社
印刷・製本………株式会社広済堂ネクスト

Printed in Japan　ISBN 978-4-594-09970-1